Antoine Pevsner

© Éditions du Centre Pompidou, Paris, 2001
© Adagp, Paris, 2001 : Alexander Archipenko, Antoine Pevsner, Vladimir Tatline
© Robert Delaunay, L & M Services B.V., Amsterdam n° 20010911
DR pour les autres artistes représentés

N° d'éditeur : 1172
ISBN : 2-84426-095-0
Dépôt légal : octobre 2001

Antoine Pevsner

dans les collections
du Centre Georges Pompidou
Musée national d'art moderne

Exposition présentée au Centre Georges Pompidou,
Galerie du Musée,
10 octobre-31 décembre 2001

Centre
Pompidou

**Centre national d'art de de culture
Georges Pompidou**

Jean-Jacques Aillagon
Président

Bruno Maquart
Directeur général

Alfred Pacquement
Directeur du Musée national d'art moderne-
Centre de création industrielle

**Antoine Pevsner
dans les collections du Centre Georges Pompidou /
Musée national d'art moderne**

Galerie du Musée – Centre Georges Pompidou
10 octobre-31 décembre 2001

Remerciements

Nous sommes reconnaissants
à Jean-Claude Marcadé et Pierre Brullé,
représentants de l'Association « Les amis
d'Antoine Pevsner » (AAAP), d'avoir mis
toute leur passion et leur compétence
au service de la réalisation de ce projet.
Nous tenons à exprimer notre gratitude
à MM. Bernard Dorival, René Massat,
Guy Massat et à Mme Mady Ménier,
qui, par leur connaissance de l'œuvre
et de l'homme Pevsner, nous ont permis
d'éclaircir bien des aspects de la création
de l'artiste.
Nos remerciements s'adressent aussi
à Isabelle Monod-Fontaine, directrice
adjointe, et à Didier Ottinger, conservateur
en chef, pour le soutien permanent qu'ils
nous ont apporté, ainsi qu'à tous ceux
qui à divers titres, par leurs informations
et leurs conseils, nous ont aidés,
en particulier Claude Bernard, Laurent
Le Bon, Eva Migirdicyan, Paul-Louis Rinuy,
et Marielle Tabart.
Nous remercions également Patrick
Renaud, de la Documentation générale,
et Sophie Gillmann, stagiaire, pour les
recherches bibliographiques qu'ils ont
effectuées, ainsi que France Sabary,
de la photothèque des collections,
et le collectif du laboratoire photo
– Valérie Leconte, Ingrid Lunenburger,
Francine Mingot, Guy Carrard.
Nous tenons, enfin, à remercier
le professeur Jacques Lemaire, du CNEP,
université de Clermont-Ferrand II,
pour les examens scientifiques auxquels
il a procédé sur l'œuvre peint.

Liste des prêteurs des documents

L'Association « Les amis d'Antoine Pevsner »
Bibliothèque nationale de France
INA
Clemens Koretzki

Exposition

Commissaire
Doïna Lemny

Réalisation et coordination
Hervé Derouault

Architecte
Michel Antonpietri,
assisté de Céline Médina

Régisseurs des œuvres
Raphaële Bianchi,
Florence Turner

Régisseur d'espace
Francis Boisnard

Ateliers et moyens techniques
Michel Boukreis, James Caritey,
Philippe Chagnon, Philippe
Delapierre, Emmanuel
Gentilhomme, Jacky Le Théry,
Michel Nait, Jacques Rodrigues,
Salim Souad

Encadrement
Gilles Pezzana

Restauration
Jacques Hourrière,
chef de service

Denis Chalard, Christine Devos,
Géraldine Guillaume-Chavannes,
Astrid Lorenzen, Guylaine Mary,
Anne-Catherine Prud'hom,
Chantal Quirot

Éclairage
Alain Guyard

Réalisations audiovisuelles
Christian Bahier, Yann Bellet,
Myriam Bezdjian, Muriel Dos
Santos, Philippe Puicouyoul

Installation et maintenance
audiovisuelle
Vahid Hamidi

Gestion administrative
Patrig Le Jeanne

Musée national d'art moderne-
Centre de création industrielle

Administrateur
Jean-Paul Ollivier

Direction de la Production

Directeur
François Belfort

Chef du service
des manifestations
Martine Silie

Chef du service
administratif et financier
Cléa Richon

Chef du service
de la régie des œuvres
Annie Boucher

Chef du service architecture
et réalisations muséographiques
Katia Lafitte

Chef du service des ateliers
et moyens techniques
Noël Viard

Chef du service audiovisuel
Gérard Chiron

Communication

Directeur
Jean-Pierre Biron

Adjoint au directeur
Laurent Claquin,
assisté de Vitia Kirchner

Responsable du pôle presse
Carol Rio

Attachée de presse
Nicole Karoubi

Responsable du pôle graphique
Christian Beneyton

Catalogue

Établi sous la direction de
Doïna Lemny

Chargée d'édition
Marina Lewisch

avec la collaboration
d'Odile Perret

Fabrication
Jacky Pouplard

Conception graphique
et mise en page
c-album : Tiphaine Massari,
Jean-Baptiste Taisne

Direction des Éditions

Directeur
Emmanuel Fessy

Directeur adjoint
Philippe Bidaine

Responsable du service
éditorial
Françoise Marquet

Gestion des droits
et des contrats
Claudine Guillon

Administration des Éditions
Nicole Parmentier

Responsable commercial
Benoît Collier

Sommaire

Avant-propos

Né russe, naturalisé français en 1930, Antoine Pevsner s'était installé à Paris dès 1923, et il y a résidé jusqu'à sa mort, en 1962.

En 1912, lors de son premier séjour dans la capitale, il se sentit, dit-on, « plus intéressé que conquis par le cubisme » mais « émerveillé par la tour Eiffel ». Le trait va bien au-delà de l'anecdote.

Pevsner n'a pas trente ans. S'il est arrivé de Russie muni d'une attestation de « professeur de dessin et de dessin technique », s'il fréquente déjà Duchamp et Modigliani, il n'a encore rien créé.

Pourtant s'annonce et se joue déjà en lui le destin d'un créateur qui viendra à l'art par la peinture et la délaissera peu à peu pour la sculpture.

Rien de contingent dans ce mouvement qui est l'expression même d'une maturation intellectuelle et esthétique, celle du « réalisme constructeur » ou « constructivisme », dont Pevsner fut un des fondateurs. Si le réel est essentiellement espace et temps, et si l'art doit se construire dans ces formes, alors c'est la sculpture, mieux que la peinture, qui, par ses qualités dynamiques et cinétiques, épousera au plus près la structure de la réalité. En témoignent les titres, si souvent habités par la notion de « mouvement », de « projection dynamique » ou de « construction » que Pevsner donne à ses œuvres.

De ce parcours théorique et artistique, la collection d'œuvres d'Antoine Pevsner du Centre Pompidou-Musée national d'art moderne donne un aperçu unique, tout simplement parce qu'elle est la plus riche au monde.

Par quoi, au-delà de la beauté, de la force et de la délicatesse des œuvres présentées – un ensemble de quarante-sept peintures, dessins, sculptures –, l'exposition monographique consacrée à cet artiste par notre institution pourrait résumer à elle seule tout un moment de l'histoire de l'art moderne et contemporain.

Elle évoque aussi la véritable histoire d'amour qui lia Antoine Pevsner et sa femme Virginie à la France. Elle rend enfin hommage à la générosité de l'artiste et de son épouse, qui, par leurs dons successifs, constituèrent le noyau de la collection aujourd'hui conservée.

Que tous ceux qui ont contribué à proposer au public cette exposition et son catalogue trouvent ici mes plus chaleureux remerciements.

Jean-Jacques Aillagon
Président du Centre Pompidou

Introduction

Le 21 décembre 1956, Jean Cassou, conservateur en chef du Musée national d'art moderne, ouvrait au palais de Tokyo une grande exposition personnelle d'Antoine Pevsner. Cette présentation consacrait un artiste qui, avec son frère Naoum Gabo, avait posé et exprimé dès les années 1920, dans le *Manifeste réaliste*, les idées phares du constructivisme. C'est à cette occasion qu'Antoine Pevsner donna au Musée deux œuvres majeures autour desquelles se constituera par la suite le fonds Pevsner. Virginie Pevsner, pour sa part, accomplit le souhait le plus profond de son époux, après le décès de celui-ci le 12 avril 1962, en faisant deux importantes donations successives au Musée, et en veillant, jusqu'à la fin de sa vie, à ce que soient présentées les œuvres de son mari. Par la suite, le Musée acquerra, avec le *Masque* de 1923, un exemple superbe du travail de Pevsner sur les volumes, à partir du celluloïd. Ainsi pouvait être retracé le parcours d'une figure historique de l'art moderne, d'un sculpteur qui, après s'être trouvé parmi les fondateurs du constructivisme russe, appartiendra plus tard au groupe Abstraction-Création et participera à la création des Réalités nouvelles. Pevsner fait aussi partie de ces grands artistes du siècle qui ont choisi de s'établir à Paris pour y accomplir une large partie de leur œuvre.

Le Musée national d'art moderne prolonge le parcours de ses collections en montrant au public les grandes donations qui ont longtemps constitué sa principale source d'enrichissement, notamment au cours de la période de l'après-guerre, où se situe la fondation du Musée. De tels ensembles monographiques, souvent entrés dans les collections par la volonté du créateur ou de ses ayants droit, représentent des sources inégalées d'étude et de recherches. Ils participent à présent de l'accrochage permanent des collections, l'ensemble complet de ces donations pouvant être présenté à l'occasion d'expositions monographiques dans la Galerie du Musée. C'est ainsi qu'après Pevsner, la donation Delaunay puis celle réunissant des œuvres de Kemeny mettront en évidence l'importance de ces rassemblements, et le rôle joué par ces artistes dans l'évolution de l'art du XXe siècle.

Alfred Pacquement
Directeur du Musée national d'art moderne - Centre de création industrielle

Défier l'espace et le temps

Doïna Lemny

1. Conservée par l'Association « Les amis d'Antoine Pevsner ».
2. Catalogue de l'exposition *Constructivistes russes. Gabo & Pevsner*, Paris, galerie Percier, 1924.
3. Bernard Dorival, *Le Dessin dans l'œuvre d'Antoine Pevsner*, Paris, Prisme, 1965, p. 43.
4. Dans *Combat*, 20 juillet 1946.
5. Dans *La Marseillaise*, 9-15 juillet 1947.

Le 31 décembre 1956, Marcel Duchamp envoyait de New York une lettre[1] à Virginie et Antoine Pevsner pour les remercier de leur invitation à l'exposition du Musée national d'art moderne. Cet événement venait confirmer les appréciations favorables exprimées ponctuellement à l'égard de l'œuvre de Pevsner dans la presse, dans les échos des expositions ou des manifestations artistiques internationales de prestige. Duchamp, qui avait pris connaissance du travail de Pevsner dès 1922 à Berlin, à la galerie Van Diemen, où celui-ci participait à la « Erste russische Kunstausstellung », considérait cette exposition comme un événement « plein d'émotions », qui devait lui accorder une « place bien méritée » « après la dure montée de ces trente dernières années. » Il faisait sans doute allusion à la période parisienne, pendant laquelle le sculpteur avait poursuivi sans relâche ses recherches en restant fidèle aux principes énoncés en 1920 à Moscou dans le *Manifeste réaliste*, aux côtés de son frère Naoum Gabo. Leur première exposition à la galerie Percier, en juin 1924, avait marqué une nouvelle étape dans l'évolution des deux artistes. Waldemar George s'était efforcé de définir leur place « dans leur pays », tout en affirmant « que leur œuvre peut avoir une portée plus vaste[2] ». Le contrat proposé aux deux frères en 1927 par Serge Diaghilev pour la réalisation des décors et des costumes du ballet *La Chatte* de Henri Sauguet fut leur dernier travail commun et constitua, pour Pevsner, une période décisive concernant le choix des matériaux pour ses constructions. Travaillant séparément, désormais, ils allaient affirmer leurs différences.

« Créateur lent[3] », attaché à un travail artisanal, Pevsner passe beaucoup de temps à l'élaboration de ses sculptures, qui ne sont multipliées que dans de très rares situations. Le plus souvent enfermé dans son atelier, il participe néanmoins à l'organisation de l'exposition « Cercle et carré » en 1930, et s'engage dès 1931 aux côtés de Kupka, Herbin, Mondrian et d'autres dans le groupe Abstraction-Création. Plus tard, en 1946, il est co-fondateur avec Herbin, Gleizes et Frédo-Sidès du groupe Réalités nouvelles, qui organise son premier salon. Dans un article intitulé « Accrochage au pays de la quatrième dimension[4] », Charles Estienne remarque ses constructions, qu'il considère comme la « substance même, la poésie de la géométrie ». L'année suivante, Pevsner participe au deuxième Salon des Réalités nouvelles et organise une exposition personnelle à la galerie Drouin, qui publie un catalogue comportant des textes de Katherine Dreier, Marcel Duchamp, Carola Giedion-Welcker, Le Corbusier et de Drouin lui-même. L'exposition attire l'attention des historiens de l'art et des journalistes. Nombreux sont les articles qui signalent la nouveauté de son travail. Le *Daily Mirror* publie le 5 juillet 1947 quelques considérations de Barnett D. Coulan, sous le titre « Aerodynamics in the guise of art » (« L'aérodynamique sous la forme de l'art »). Au même moment[5], Anatole Jakovsky s'efforce de situer les sculptures de Pevsner par rapport à celles de Brancusi dans un parallèle dressé autour des questions : « Qu'est-ce que l'espace ? Qu'est-ce que le volume ? Décor ou sculpture ? »

C'est une période intense pour Pevsner, qui voit enfin ses œuvres acceptées et présentées par de grandes galeries et par des musées importants. Pendant l'année où il prépare sa maquette

Arts, 26 juillet 1946, p. 8.
Archives Pevsner, AAAP

Le Courrier des arts et des lettres, 23 juillet 1948, p. 1.
Archives Pevsner, AAAP

Lettre de Marcel Duchamp adressée à Virginie et Antoine Pevsner le 31 décembre 1956 Archives Pevsner, AAAP

L'Œil, n° 23, novembre 1956, couverture
Archives Pevsner, AAAP

L'Œil, n° 23, novembre 1956, p. 29
Archives Pevsner, AAAP

pour le concours de l'Institut d'art contemporain de Londres sur le thème du «Prisonnier politique inconnu», il participe avec *Projection dynamique au 30ᵉ degré* (1950-1951) à l'exposition «Chefs-d'œuvres du XXᵉ siècle», organisée au Musée national d'art moderne et présentée ensuite à la Tate Gallery de Londres. Cette œuvre sera donnée par l'artiste au Musée national d'art moderne en 1956, en même temps que la *Maquette monumentale de la Colonne développable de la Victoire*, appartenant à la collection personnelle de Virginie, et constituera le point de départ du fonds Pevsner.

Une suite de succès concrétisés par des distinctions et des commandes d'œuvres monumentales [6] attire l'attention des conservateurs du Musée, qui décident d'organiser une exposition de ses œuvres au palais de Tokyo. Celle-ci a lieu du 21 décembre 1956 au 10 mars 1957, à une époque où «cet homme essentiellement solitaire, et dont on ne saurait évoquer sans une fervente tendresse la fière et discrète modestie, ne jouissait pas encore de la renommée qu'il a connue depuis [7]». À soixante-douze ans, cette première rétrospective dans les salles du Musée national d'art moderne est pour lui une consécration. Quatre-vingt-une œuvres y sont réunies : quinze peintures, quarante sculptures, vingt-cinq dessins et une photo du décor de *La Chatte* [8]. Le catalogue, préfacé par Jean Cassou, conservateur en chef, est conçu par Bernard Dorival, à l'époque conservateur au Musée et l'un des visiteurs privilégiés de l'atelier de l'artiste. Dans son article de la *Revue des arts et des musées de France* [9], Bernard Dorival plaide pour un élargissement du contenu des expositions : en dehors de celles destinées à présenter les mouvements importants du début du siècle et leurs représentants reconnus, il est impératif de montrer «la production de ces artistes dont le nom, que retiendra la postérité, n'est pas encore assez parvenu aux oreilles contemporaines». Christian Zervos attire l'attention, dans les *Cahiers d'art* [10], sur l'évolution artistique de Pevsner, sur la valeur de sa création, et fait remarquer la discrétion du sculpteur, qui «évite la société [...] et s'est fait, dans ses longues années d'isolement, une expression plastique pour l'usage de sa propre vision». Willem Sandberg, qui, en tant que membre du jury du concours de Londres en 1953, a connu et apprécié le travail de Pevsner, lui envoie le 21 décembre deux télégrammes de félicitations et d'encouragements : «Remercions d'avoir développé devant nos yeux une nouvelle vision de l'espace.»

En 1958, le refus du jury de la 29ᵉ Biennale de Venise, à laquelle Pevsner participe avec un ensemble de quatorze sculptures, de lui accorder la plus haute distinction donne l'occasion à des historiens d'art comme Alain Jouffroy [11] de remettre en lumière la valeur des œuvres de

6. Voir la biographie, années 1950-1955.
7. Jean Cassou, *Pevsner au Musée national d'art moderne* (introduction), Paris, RMN, 1964.
8. Nicole Barbier, « La salle Pevsner au palais de Tokyo », Jean-Claude Marcadé (dir.), *Colloque international Antoine Pevsner*, Paris, Art Édition, 1995, p. 237-241.
9. N° 1, janvier-février 1957, p. 45.
10. 31ᵉ-32ᵉ années, 1956-1957, p. 334-338.
11. « Scandale à Venise : Le jury refuse la Palme à Masson et Pevsner. La 29ᵉ Biennale établit la faillite de l'art abstrait » *Arts*, 18-24 juin 1958, p. 1.

Salle Pevsner au Musée national d'art
moderne, Paris, 1964, *Arts*,
26 juillet 1946, p. 8.
Centre Pompidou, Musée national d'art
moderne, Paris

Pevsner, qui « se développent dans l'espace selon un rythme humain (et non dérisoirement "mathématique"). L'ensemble de ses sculptures, choisies parmi celles réalisées entre 1934 et 1957, constitue un univers rayonnant, pythagoricien ». Les nombreux articles et études signés par Pierre Guéguen et, surtout, par René Massat attirent l'attention sur la nécessité de présenter les œuvres de Pevsner dans leur ensemble, afin de pouvoir apprécier la conception nouvelle de l'artiste sur la sculpture-construction. Ses propos publiés à partir de 1950 dans les revues *Réalités nouvelles* et *XXᵉ Siècle* [12], ainsi que ses deux interviews publiées dans *L'Œil* et dans *Géoculture de l'Europe d'aujourd'hui* [13] sont des échos du *Manifeste réaliste*, qui viennent conclure plus de trente ans de réflexion. C'est vraisemblablement la raison pour laquelle Pevsner a souhaité secrètement donner au Musée national d'art moderne tout un ensemble d'œuvres, au prix de privations matérielles importantes pour lui et son épouse.

Lorsque le 12 avril 1961, Georges Salles, président du conseil artistique de la Réunion des musées nationaux, remet à Pevsner la croix de chevalier de la Légion d'honneur, il évoque dans son allocution la nouveauté de l'œuvre de Pevsner, son refus de travailler avec la masse, le bloc de glaise ou de marbre. « Il fallut – souligne-t-il – inventer une sculpture qui parte du vide, à la ressemblance de l'architecture, quand celle-ci n'a recours au plein que pour engendrer le vide [14]. » Ses développements de surfaces, ses projections dans l'espace lui font penser au mouvement ascensionnel des fusées et considérer l'artiste comme « un des premiers explorateurs de l'espace ». Il envisage l'ensemble de ses œuvres comme une « galerie de musée ». Constatation, ou discrète suggestion ? Ce qui est sûr, c'est que l'idée de donner au Musée le contenu de son atelier fera son chemin dans l'esprit de Pevsner, surtout après l'exposition de 1956-1957. Une note conservée dans les archives de la donation en témoigne : « [Il] s'était toujours refusé depuis à vendre à qui que ce fût, collectionneurs privés ou galeries publiques d'Europe ou d'Amérique, aucune œuvre importante de sa main, réservant celles qu'il possédait encore dans son atelier pour le Musée d'art moderne. »

Un an après, le 12 avril 1962, Pevsner s'éteignait au terme d'une maladie incurable [15], sans laisser de testament. Le 13 septembre de la même année, son épouse, Virginie, qui avait toujours été son porte-parole, adressait une lettre de donation au Musée, à Jean Cassou, conservateur en chef. Elle précisait dès les premières lignes que cette donation était la réalisation « des plus chers désirs de [son] défunt mari ». En dehors des huit sculptures et deux peintures (toutes pièces uniques), Virginie Pevsner proposait le dépôt au Musée de trois œuvres d'une importance majeure, provenant de sa collection personnelle. L'acte de donation contenait deux clauses que le Musée entendait respecter : que ces œuvres soient présentées dans une salle monographique, et qu'elles ne quittent pas le Musée national d'art moderne.

Une note d'information [16] (non signée) apprécie en termes élogieux la qualité de cette donation : « Le Musée d'art moderne se trouvera ainsi être la galerie du monde la plus riche en œuvres de cet artiste. Aucun musée, américain même, ne pourra rivaliser avec lui sur ce point et, s'ajoutant à la salle Brancusi, la salle Pevsner constituera une des attractions majeures du Musée. »

Bernard Dorival assure Virginie Pevsner, par une lettre du 16 novembre 1962, qu'une salle a été préparée pour accueillir les œuvres, mais la mise à disposition de l'espace prendra du retard, ce qui explique le peu d'échos dans la presse. Néanmoins, le nᵒ 142 de décembre 1963

12. Voir « Espaces », dans *Réalités nouvelles*, nᵒ 4, 1950, p. 12, et « Messages de la sculpture », dans *XXᵉ Siècle*, nᵒ 1, 1951.
13. Interview réalisée par Gyula Kosice, « Le Constructivisme transcendant d'A. Pevsner, sculpteur », publiée à Buenos Aires, Losange, 1959, p. 83-85.
14. Allocution publiée dans Carola Giedion-Welcker, Pierre Peissi, *Antoine Pevsner*, Neuchâtel, Éditions du Griffon, 1961, p. 11-12.
15. Selon les informations d'Eva Migirdicyan, proche du couple, la maladie de Hodgkin.
16. Archives de la donation, Mnam.

de *Connaissance des arts* accorde une large place aux donations reçues par le Musée. Kupka, Sonia Delaunay, Pevsner et Rouault font l'objet d'un important commentaire intitulé : « 1963 – année faste pour les dons aux musées français. »

Au début de février 1964, en pleine préparation de l'aménagement de la salle Pevsner, Virginie fait une seconde donation [17] de dix œuvres : deux sculptures, quatre peintures et quatre dessins. Celles-ci s'ajoutent aux dix de la donation précédente et forment un corpus représentatif de la création de Pevsner. La salle est ouverte le 7 février et un catalogue [18] est publié, réunissant dans sa deuxième partie les écrits de l'artiste recueillis dans diverses publications sur l'art.

Le déménagement du Musée national d'art moderne au Centre Georges Pompidou pose le problème de l'installation des salles monographiques et du respect des conventions acceptées lors de l'entrée des donations. Virginie veille avec l'Association des amis d'Antoine Pevsner [19] à la bonne présentation de l'œuvre de son mari. Pendant ce transfert, Nicole Barbier, conservateur, trouve dans une des vitrines où sont montrés les outils de l'artiste une maquette en celluloïd qui n'avait pas été inventoriée lors de la donation de 1962 [20]. Reclassée comme œuvre, cette pièce est un deuxième exemplaire témoignant du travail sur les matières plastiques. Le premier de la collection, *Masque*, avait été acquis par préemption par le Musée national d'art moderne en 1974. À cet ensemble, constitué de quatorze sculptures, sept peintures et quatre dessins, s'ajoutera le 12 février 1991 une « suite de vingt-deux dessins [...] inséparables », qui complète la représentation de l'œuvre graphique de Pevsner au Musée national d'art moderne.

Dans le nouvel accrochage de janvier 2000, la création de Pevsner est représentée dans le circuit historique du Musée par l'installation de six sculptures, deux dessins et une peinture. L'exposition à la Galerie du Musée accomplit un souhait exprimé par l'artiste lui-même et rend hommage à Virginie Pevsner, qui, aux dépens de son propre confort, a accepté de dures privations pour donner à un établissement public tout ce qu'elle détenait.

17. Lettre du 3 février 1964.
18. Rédigé par Marie-Noëlle Pradel.
19. Constituée en 1970 par Virginie Pevsner, Jean Leymarie, Waldemar George, René Massat, Eva Migirdicyan, Aline Glimet.
20. Nicole Barbier, *op. cit.*, p. 240.

La Cote des peintres, 31 janvier 1964
Archives Pevsner, AAAP

Entretien avec René Massat

par Doïna Lemny, le 1ᵉʳ septembre 2000

L'exposition consacrée à Antoine Pevsner par le Musée national d'art moderne – la première depuis sa disparition – remet sous les feux de l'actualité la personnalité de l'artiste, qui, avec son frère Naoum Gabo, marqua par ses réflexions théoriques et par l'ensemble de son œuvre un tournant dans la sculpture du XXᵉ siècle.

Vous avez été l'un des proches de Pevsner, vous avez eu le privilège de le voir au travail, et le mérite d'écrire sur sa création tout en gardant la distance nécessaire pour permettre à l'esprit critique de juger librement. Malgré son souhait de s'intégrer au paysage artistique français, malgré les expositions auxquelles il participa à partir de 1924 à Paris, on constate que Pevsner a connu une plus grande notoriété aux États-Unis ou dans certains pays d'Europe qu'en France. En connaissez-vous la raison ?

Antoine Pevsner et René Massat en 1961
Collection Guy Massat

RM – Du vivant de l'artiste, on avait des échos de la « querelle » avec son frère. Cette dispute, qui n'en était pas une, l'a marqué et a sans doute influencé les médias de l'époque. Virginie souhaitait rester discrète sur ce sujet, mais, deux ans après la mort de son époux, la publication d'un livre ignoble et ridicule [1] a dévoilé d'une manière subjective la souffrance de Pevsner, parfois considéré comme l'« imitateur » de son frère cadet. Celui-ci a été plus connu, même si, de six ans plus jeune, il a vécu et travaillé dans un milieu artistique marqué par les innovations dans la sculpture, en Angleterre, en Norvège, puis aux États-Unis. Pevsner s'est imposé en France, et surtout à Paris, après l'exposition organisée par Bernard Dorival en 1956 au Musée national d'art moderne, dont le catalogue était préfacé par Jean Cassou. Parmi les quatre-vingt-huit œuvres, figuraient aussi les deux sculptures données au Musée par Antoine et Virginie Pevsner [2], qui ont constitué le noyau de la future collection Pevsner du Mnam. Après la disparition de Pevsner, Bernard Dorival a organisé une salle, inaugurée en 1964 en présence de Virginie. Il m'a confié que le budget entier du Mnam n'aurait pas suffi à acheter ses treize sculptures et cinq ou six peintures. Mais Pevsner avait une haute conception de la culture. Je le cite : «Je me représente la culture comme un effort gigantesque et surhumain qui garde son instant à travers les générations. L'expérience nous a montré que le contact des ignares avec l'art risque de détruire la force accumulée pendant des siècles par le génie créateur. L'art a pour mission de maintenir cet effort surhumain dans un état de tension constamment accru jusqu'à la fin du monde [3]. »

Il recevait souvent la visite d'un marchand très sympathique, qui voulait acheter une de ses sculptures. Un jour, il me dit : «Il veut une œuvre, mais il ne l'aura pas. » «Pourquoi ?, répondis-je, c'est un garçon sérieux, intelligent, un marchand d'avenir. » Par la suite, celui-ci a acheté des œuvres de lui, mais il ne voulait pas vendre.

DL – Pourquoi se séparait-il si difficilement de ses œuvres ? S'inquiétait-il de leur sort, ou, tout simplement, la séparation était-elle trop difficile ?

RM – Je ne sais pas. Cela me fait penser à Phidias, qui, rencontrant Aridor après avoir terminé sa fameuse sculpture d'ivoire et d'or *Zeus* d'Olympie, posa la main dessus pour la cacher et lui dit : « Le barbare ne verra pas ça. » Il ne voulait pas s'en séparer parce qu'il y avait mis non seulement son talent, son génie, mais aussi son âme.

1. Alexeï Pevsner, *A Biographical Sketch of my Brothers Naum Gabo and Antoine Pevsner*, Amsterdam, August & Schoonan, 1964.
2. *Projection dynamique au 30ᵉ degré* et *Maquette de la colonne développable de la Victoire*.
3. «Message à la sculpture », *XXᵉ Siècle*, nouvelle série, n° 1, 1953.

DL — Il s'y impliquait jusqu'à se confondre avec elle. Laisser partir une œuvre signifiait que quelque chose de son être lui était arraché. Il n'est d'ailleurs pas le seul artiste à réagir ainsi. Peggy Guggenheim raconte [4] qu'elle eut beaucoup de mal à convaincre Brancusi de lui céder *L'Oiseau dans l'espace* [5], et que le jour où l'œuvre dut quitter l'atelier « des larmes coulaient sur son visage ».

RM — C'était très intense aussi chez Pevsner.

DL — Au vu de son travail de sculpteur, on sent qu'il a rejeté le marbre et le plâtre au profit du métal, qu'il traite en métallurgiste, et aussi en artisan : le bloc de pierre ne l'intéresse plus, car il est limité dans l'espace. Il voudrait transpercer cet espace et aller au-delà, construire avec l'espace…

RM — C'est exact. Il a rompu avec le bloc et a introduit le vide, qu'il appelait « l'espace ». Nous vivons dans le vide. J'ai compris l'origine du monde grâce à Pevsner — le vide a toujours existé, nous sommes dans le vide. Quand Hérodote a dit : « La nature a horreur du vide », on a tourné cette phrase d'une façon un peu niaise. Ce vide a voulu se remplir, ce vide a reçu des éléments antagonistes qui ont provoqué des explosions immenses, et ce vide est animé par les étoiles et les planètes. Pevsner avait cette sensation du vide qu'il fallait utiliser, surtout dans la peinture : il fallait que le vide soit un matériau.

DL — Il s'inscrivait de cette façon dans une lignée d'artistes tels que Rodtchenko et Tatline dans la sculpture, Malévitch et Mondrian dans la peinture, pour qui la représentation de la forme entravait l'esprit de liberté, la sensation du mouvement continu et illimité. « Dans l'art nouveau, les formes sont neutres, écrivait Mondrian en 1931 […]. L'effort de l'art nouveau supprime le sujet et la forme particulière. […] La vie est une transformation continuelle et la nouvelle culture est celle des rapports purs [6]. » Est-ce qu'il trouvait le vide expressif parce qu'il en tirait son inspiration ? On évoque toujours son premier contact avec l'icône russe, dont les yeux, peints dans la technique traditionnelle de la perspective par l'inversion de la loi naturelle de la vision, donnaient une impression de mouvement : ils paraissaient être en creux, au lieu d'être en relief.

RM — C'est lui qui me l'a raconté. Pour lui, ce fut la révélation : le vide pouvait avoir une expression bien plus marquée que le relief. À partir de ce constat, il ne pouvait plus concevoir la sculpture dans un bloc ; il fallait s'en détacher et chercher le mouvement ailleurs, par le déplacement des lignes, qui, mises en perspective, rendent à l'œuvre la vibration de la vie. L'espace est pour lui un matériau. En 1952-1953, dans *Réalités nouvelles*, Del Marle annonça la création du groupe « Espace ». Pevsner attaqua : « Ce n'est pas l'espace que vous créez. Le groupe Espace, qu'est-ce que ça veut dire ? L'espace, c'est ma propriété ; c'est mon être ».

DL — À partir de cette conception, il travaille sur l'idée de l'infini. Je pense à sa *Colonne de la Paix*, qui rappelle par son développement continu *La Colonne sans fin* de Brancusi, même si c'est une autre démarche.

RM — Brancusi était le seul sculpteur que Pevsner tolérait. Il l'aimait beaucoup. Les autres, il ne voulait pas en entendre parler. Ce n'était pas un choix d'hommes, qu'il ne considérait pas, d'ailleurs : il appréciait uniquement l'œuvre. Il ne disait pas de mal, mais c'était le mépris total.

4. Peggy Guggenheim, *Out of this Century. Confession of an Art Addict*, New York, Universe Books, 1979.
5. Vers 1930, bronze poli.
6. Harry Holtzman et Martin S. James (dir.), *The New Art - The New Life. Collected writings of Piet Mondrian*, Londres, Thames and Hudson, 1987, p. 249.

7. Ces interviews ont été publiées par Pierre Brullé dans *Fin*, n° 5, juin 2000, p. 8-18.

DL — Vous analysez dans vos articles l'idée des surfaces développables, qui n'a cessé de le préoccuper. Avait-il lu les écrits d'Henri Poincaré ?

RM — Oui, il les connaissait très bien. Dans les années trente, à l'École des arts et métiers, les étudiants avaient fait des sculptures en carton qui partaient de la surface développable. Pevsner a attiré un jour mon attention sur cet exercice, qu'il trouvait très intéressant. Mais ce n'étaient que des jouets, pas des œuvres. Quelqu'un m'a présenté récemment une « sculpture » de Pevsner qui, en fait, était un de ces cartons d'exercice. Je l'ai expliqué à cette personne, qui soutenait l'avoir reçu comme une œuvre de Pevsner.

DL — Ne se rapprocherait-il pas par là de Duchamp ?

RM — C'est juste : il connaissait parfaitement Duchamp, et Duchamp avait essayé cette démarche. Je vous rappelle les interviews qu'il a accordées à la radiotélévision canadienne en 1960 et à la radiotélévision belge en 1965 [7].

DL — S'ils étaient proches par certaines attitudes vis-à-vis de l'art, leurs démarches sont totalement différentes. Je pense surtout au travail minutieux de soudure de fils métalliques que Pevsner effectuait pour réaliser les surfaces développables. Vous l'avez vu travailler…

RM — Oui, bien sûr, à son atelier d'Ivry. Il partait des lignes droites, qu'il polissait longtemps et tirait, à la recherche d'une forme. Il réalisait les courbes à partir de ces lignes droites…

Art d'aujourd'hui, n° 37, juin 1962, p. 5

DL — Il courbait les fils métalliques avant ou après la soudure ?

RM — Il ne les courbait pas, il les disposait, mais il ne forçait pas la courbe ; il suivait le mouvement naturel des fils en les dirigeant discrètement. Cela me rappelle une des pensées de Paul Valéry : « Dans ce lieu voué aux merveilles, j'accueille et je garde les ouvrages de la main prodigieuse de l'artiste. Égale et rivale de sa pensée, l'une n'est rien sans l'autre. » C'est vrai pour Picasso, mais : « égale et rivale de sa pensée », Valéry joue avec les mots. Ce n'est pas ça. Je dis que c'est d'abord la *main* qui éclaire la pensée. Et la pensée éclaire la main. Il y a une interférence extraordinaire. Mais je précise que c'est d'abord la main. Dans un film sur Picasso, on le voit. Chez Pevsner, c'est la même chose.

DL — C'est lui qui dirige la surface développable pour suggérer le mouvement continu. L'idée de l'infini y est assez évidente.

RM — C'est une idée que les Américains ont appliquée dans l'architecture lorsqu'ils ont conçu les gratte-ciel. En 1898, Pevsner considérait que le fer était un de ses maîtres.

DL — Vous pensez sans doute aux multiples possibilités qu'offre le métal, par oxydation. C'est un des processus qui me semble essentiel chez lui, étant donné son attirance pour les verts acides ou les rouges violets, ou cuivrés. S'y exercent ses dons de peintre et de coloriste, et une habileté d'alchimiste.

RM — L'oxydation est pour la durée. Chaque nuance donne la personnalité de l'œuvre et une existence différente. Ce n'est pas une couleur, une coloration, c'est un moyen donné à la sculpture, un caractère.

DL — Et c'est un moyen chimique, évidemment. Ce qui me semble très intéressant, c'est la variété des réactions chimiques qu'il provoque pour les adapter aux formes de chaque œuvre, en accord avec la lumière et avec l'angle par lequel le faisceau de lumière entre dans l'œuvre. C'est du moins ce qu'on perçoit dans le projet de la *Fontaine*, qui n'a jamais été réalisé[8], mais qui devait utiliser les jeux du spectre solaire.

RM — Par ces formes, il aurait travaillé sur l'effet de l'eau, qui, chauffée sous la pression et circulant par les tiges creuses de la fontaine, aurait créé une vapeur invisible, colorée en arc-en-ciel par les rayons du soleil. Si on ne l'a jamais réalisée, c'est à cause des difficultés d'installation et de la complexité du projet.

Antoine Pevsner avec *Germe* en 1953
Archives Pevsner, AAAP

DL — Avait-il envisagé l'oxydation supplémentaire due à l'eau, qui aurait provoqué une corrosion trop importante ?

RM — Oui, c'est probable. Mais il y a toujours un risque...

DL — Dans son souci de créer l'ombre et l'illusion de l'espace par l'oxydation, utilisait-il des formules d'alliages bien à lui, ou travaillait-il les fils de fer et procédait-il ensuite à une métallisation avec du laiton ou un autre métal ?

RM — C'était fait avant. Il traitait le fil de métal avant la soudure. Le laiton existe certainement.

DL — Que pensez-vous de son œuvre *Monument symbolisant la libération de l'esprit* ? A-t-il réussi à bien se faire comprendre ? Quel a été l'accueil de cette œuvre en France ?

RM — Quand on a exposé cette sculpture, *Le Figaro* a écrit : « Et ça piégera les rats ». C'était immonde. Est-ce que c'est un piège à rats ? Je vois le pauvre Pevsner déconcerté... Et les *Réalités nouvelles* n'étaient pas très loin non plus dans leurs appréciations. Mais cela ne m'étonnait pas de la part du *Figaro*, qui avait publié en 1872 dans un article sur les impressionnistes des considérations sur les choses grossières que l'on expose devant le public.

DL — Ce n'est pas étonnant, si l'on pense encore une fois au scandale provoqué, bien plus tard, en 1920, au Salon des indépendants, par la *Princesse X* de Brancusi...

RM — Je ne comprends pas ce prétendu décalage selon lequel l'artiste serait en avance sur son temps. Non : l'artiste est dans son époque, c'est le public qui est en arrière. Pevsner était dans son époque quand il a parlé du vide, de la rupture avec le bloc... Des peintres comme

8. Projet pour le musée de Bâle.
Voir Jean-Claude Marcadé (dir.),
Colloque international Antoine Pevsner,
Paris, Art Édition, 1995, p. 167.

Courbet étaient dans leur époque, seulement l'opinion n'en voulait pas et criait au scandale. Je comprends très bien Pevsner, qui stigmatisait « le contact des ignares avec l'art ».

DL — Dans le travail du dessin, faisait-il de l'estampe ou dessinait-il tout simplement ?

RM — Il a très rarement dessiné pour la sculpture. Il dessinait pour s'amuser. Mais le dessin était un besoin.

DL — J'ai par ailleurs constaté dans le dessin la prééminence du figuratif – essentiellement des portraits –, alors que dans sa peinture, et surtout sa sculpture, il travaille uniquement dans l'abstrait.

RM — La grande période de création de Pevsner se situe après la guerre. À ce propos, je rappellerai sa contribution au ballet *La Chatte*, de Sauguet, pour lequel Gabo a réalisé les fonds et Pevsner des décors mobiles très jolis, qui ont malheureusement été perdus. Le président de la République, M. Doumer, s'y intéressa et fit appeler Pevsner, qui arriva tout intimidé. Le président lui demanda s'il pouvait faire quelque chose pour lui : « Monsieur le Président, l'entrée en France… », et le président de lui répondre : « Vous y êtes ! » « Oui, mais entrer en France comme Français. » Il l'a envoyé à son chef de cabinet, mais cela a été très compliqué. Pevsner a été enfin naturalisé, et par la suite il a été terriblement cocardier, patriote : il avait un amour particulier pour le pays qui l'avait accueilli.

DL — Il a réalisé beaucoup de dessins, qu'il a intitulés « Forme géométrique »…

RM — Il a fait énormément de dessins, de formes très variées. Parfois de simples petits traits, comme *Le Lis noir*, le dessin de la sculpture. C'est un des rares dessins qui ont inspiré la sculpture chez lui.

DL — Le titre revient de manière récurrente : « Forme géométrique », comme s'il s'agissait d'un exercice. C'était certainement voulu ?

RM — Il ne s'en occupait pas, ce n'était pas une priorité. Après avoir terminé une de ses dernières sculptures, il m'a demandé de lui suggérer un intitulé. Sa sculpture m'a inspiré et je lui ai proposé « *Dernier Élan* », qu'il a accepté sur-le-champ.

DL — Chez Pevsner, les périodes peinture et sculpture sont bien délimitées. La sculpture a été produite pendant la deuxième partie de sa vie : c'est l'accomplissement d'une longue période d'essais et de maturation. On observe néanmoins un lien profond entre les deux. Les peintures apparaissent comme des projets pour la sculpture : des constructions sur papier qui vont se projeter dans l'espace.

RM — Oui, certainement, cette idée de progression est évidente. Vous mettez l'accent sur un aspect insuffisamment analysé. Je ne l'ai pas approfondi non plus.

DL — Que pouvez-vous nous dire du travail de Pierre Peissi sur la photographie des sculptures de Pevsner ?

RM — Il avait une grande connaissance de cette œuvre, il l'aimait et il l'a fait avec beaucoup de soin, pour la publication en Suisse [9].

9. Carola Giedion-Welcker, Pierre Peissi, *Antoine Pevsner. L'imagination spatiale d'Antoine Pevsner. Hommage d'un ami*, Neufchâtel, Éditions du Griffon, 1961.

Entretien avec Bernard Dorival

par Doïna Lemny, le 26 avril 2001

Conservateur au Musée national d'art moderne, vous avez connu toute cette génération d'artistes qui vivaient et créaient à Paris. Vous avez eu l'occasion de pénétrer dans leurs laboratoires et ainsi de mieux comprendre leurs démarches. Dans *Le Dessin dans l'œuvre d'Antoine Pevsner*[1], que vous avez publié en 1965, vous exposez votre conception de la création d'Antoine Pevsner, en soulignant, notamment, l'importance du dessin comme une constante dans son activité et dans sa vie.

À quel moment se situe votre rencontre avec cet artiste «pudique, fier, secret, [qui] s'efforçait précisément de s'effacer de son œuvre»?

BD – C'était probablement en 1948 ou 1949. L'Institut d'art contemporain de Londres avait lancé un projet de concours pour un «Monument pour le prisonnier politique inconnu». Chaque pays avait fait un choix parmi les nationaux qui devaient y participer. Les œuvres concurrentes avaient été présentées au Musée national d'art moderne, dans une salle qui n'était pas ouverte au public. Pevsner écrasait les autres avec son *Monument*, pour lequel le jury l'a désigné. Comme vous le savez, on lui a accordé le deuxième prix, qu'il a partagé avec trois autres artistes, dont Naoum Gabo, le premier ayant été remporté par l'œuvre très médiocre d'un artiste anglais, Reg Butler.

Virginie, Antoine Pevsner et Pierre Peissi vers 1960
Archives Pevsner, AAAP

J'étais interloqué par la technique. Je lui ai demandé de me laisser assister à son travail dans son atelier, à Malakoff. Pour moi, c'était une grande faveur d'y être accepté – il n'aimait pas travailler en présence de quelqu'un. Nous avons sympathisé. Sa femme et lui habitaient alors un appartement modeste rue Jean-Sicard, à la porte de la Plaine. Ils n'avaient pas de grands moyens. J'ai été invité avec Sandberg, qui était conservateur du Musée d'art moderne d'Amsterdam.

DL – Une fois installés à Paris, Antoine et son épouse, Virginie, ont décidé de vivre à la française. Était-ce dans une intention de rupture avec le milieu russe, doublée d'une volonté d'intégration?

1. Bernard Dorival, *Le Dessin dans l'œuvre d'Antoine Pevsner*, Paris, Prisme, 1965, p.13.

BD – Cela s'est passé après l'expérience avec les Ballets russes, pour la mise en scène de *La Chatte*. Mais je ne crois pas qu'à Moscou il ait vécu dans une communauté artistique. C'était un solitaire. Il ne voyait pas beaucoup de Russes à Paris, sauf Sonia Delaunay et Nina Kandinsky. Il avait rencontré Chagall, mais il n'en parlait pas. Je ne crois pas qu'il fréquentait Zadkine ou d'autres. Je mettais cela sur son caractère réservé, un peu mélancolique, concentré, introverti.

DL – Virginie, que vous avez très bien connue et qui a toujours soutenu Antoine, lui était complémentaire...

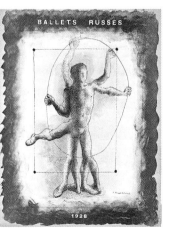

Ballets russes, 1928, couverture
Archives Pevsner, AAAP

Ballets russes, 1928, illustration de *La Chatte*
Archives Pevsner, AAAP

19

BD — Virginie avait été chanteuse – elle avait une voix rare, mezzo-soprano. Ils s'étaient connus à Saint-Pétersbourg avant la révolution d'Octobre. En 1922, ils sont partis à Berlin, où Antoine avait envoyé des œuvres pour l'exposition «Die erste russische Kunstaus-stellung» à la galerie Van Diemen. Ils avaient décidé de quitter leur pays. Quelques mois plus tard, ils ont gagné Paris, où ils se sont établis. Ils n'avaient d'autre moyen d'existence que l'engagement de Virginie comme chanteuse aux Ballets russes. Elle avait des rôles importants, mais elle détestait et méprisait Diaghilev, dont elle disait qu'il était le roi de tous les vices. Et Antoine était terriblement jaloux. Elle a dû être admirablement belle... Il lui a finalement demandé d'arrêter. Ils ne vivaient que de la petite rente que le frère de Virginie, qui habitait Varsovie, leur envoyait. Plus tard, quand Antoine a vendu quelques œuvres, ils ont pu acheter l'appartement de la rue Viète, où Antoine n'a vécu que très peu de temps. J'admirais beaucoup Virginie – c'était un vrai personnage. Je garde encore pour elle des sentiments d'admiration et de vénération. Je n'ai jamais vu une femme aussi rayonnante et accueillante. C'est elle qui a entretenu des liens avec les conservateurs des musées et qui a fait connaître l'œuvre de son époux. Sa donation de 1962, suivie de celle de 1964, a été un geste de fidélité à la mémoire de son mari. Antoine aurait exprimé ce vœu, mais il n'a pas pu le réaliser. C'est Virginie qui l'a accompli.

DL — Quel a été votre rôle, en votre qualité de conservateur au Musée national d'art moderne, lorsque les œuvres sont entrées dans ses collections ?

Vava Chagall, Antoine Pevsner
et Marc Chagall à Vence après 1955
Archives Pevsner, AAAP

BD — Nous étions très liés. Nous nous voyions régulièrement, mais nous ne parlions jamais du sort des œuvres. Un jour, Virginie m'a dit qu'elle avait l'intention de léguer le contenu de l'atelier au Musée. En décembre 1956, le Musée national d'art moderne a organisé une exposition «Pevsner», accompagnée d'un catalogue, dont Jean Cassou avait rédigé la préface. C'était la joie de leur vie — une vraie exposition, à la galerie Wilson, avec une petite salle qu'on avait aménagée à l'entrée pour y installer les peintures et les dessins.

Après cette exposition, ils se sont installés rue Viète, où ils donnaient des réceptions. Virginie chantait des chansons russes devant ses invités – quelques compatriotes et des amis, personnalités du monde culturel: René Massat, Pierre Peissi, des conservateurs du musée Rodin, du Louvre. Antoine s'épanouissait dans cette ambiance, mais il restait très discret. Il bavardait avec des amis à la mezzanine.

DL — Le dessin, au début une vraie préoccupation, devient un loisir, un outil pour sa peinture et sa sculpture et aussi un moyen d'exprimer ses conceptions sur l'espace, sur la construction, sur l'absence de la masse et la prédominance de la ligne...

BD — Personne n'y prêtait attention. Je ne crois pas qu'il les montrait. C'est Virginie qui me les a montrés. C'était son jardin secret. Dans son laboratoire, il travaillait le métal; le dessin – c'était d'une certaine manière son loisir. Il se retrouvait dans ses constructions en métal, ce qui explique que sa maladie ne l'ait pas fait beaucoup souffrir. En tout cas, il l'a vécue dans la dignité, il ne s'en plaignait jamais.

DL — Quelle est la place de sa peinture dans toute sa création ?

BD — Sa peinture ? Des dessins plus poussés. Le Musée a en acheté une[2] pour les remercier de leur donation.

2. *Tableau spatial*, 1944-1948, AM 3519 P, acheté en 1957.
3. Un catalogue, avec une présentation de Jean Cassou, accompagnait l'exposition.
4. En 1927.
5. Bernard Dorival, *op. cit.*, p. 33.

DL — Jean Cassou avait-il des relations privilégiées avec Virginie et Antoine ?

BD — Ils s'entendaient très bien avec Georges Salles, le directeur des Musées. Je crois me souvenir que c'est lui qui nous a suggéré de faire une exposition Pevsner. Jean Cassou, qui était très ami avec Virginie, « l'agent et le bouclier » d'Antoine, a mis cette idée en application en organisant une rétrospective au Palais de Tokyo, du 21 décembre 1956 au 10 mars 1957[3]. Ce fut pour l'artiste, qui était âgé de soixante-douze ans, un acte de reconnaissance et une consécration.

DL — La donation de Virginie au Musée répondait au souhait d'Antoine de laisser à la France un corpus d'œuvres le représentant, afin de se situer pour la postérité, mais aussi par reconnaissance envers le pays qui l'avait accueilli...

BD — J'étais chez eux avec Sweeney, qui était furieux. Il disait que c'étaient les États-Unis qui avaient découvert Pevsner. Je lui ai répondu que Pevsner avait découvert la France. Il était cependant resté très russe, très attaché affectivement à la Russie.

DL — Lui arrivait-il de parler de sa sculpture, de sa conception du constructivisme, du vide ? Évoquait-il le travail commun avec son jeune frère, Naoum Gabo, leurs débuts dans la conception du constructivisme, ou leurs désaccords ultérieurs ?

BD — Il n'en parlait pas vraiment, mais il laissait supposer que, pour lui, le vide était plus important que la masse : il lui donnait l'impression de construire. Mais il n'était pas du tout théoricien. C'était un homme secret. Il a dû en parler à Gabo, avec lequel il a conçu le *Manifeste réaliste*. Mais à l'époque où je l'ai connu, il n'en parlait plus.
Le problème de sa querelle avec Gabo était très délicat. Il n'aimait pas l'évoquer. Il en souffrait énormément. Ils avaient travaillé ensemble jusqu'aux décors de *La Chatte*[4]. Ensuite, Gabo, qui savait prendre le vent, s'en est détaché. Ils n'étaient pas brouillés. Mais Alexeï, le troisième frère, qui était resté à Moscou, a reçu de Gabo une voiture en cadeau, ce qui devait être quelque chose de prodigieux en Russie. Plus tard, Alexeï a tenu des propos favorables à Gabo, et pas aussi favorables à Antoine, qui en a souffert. Tout ce que je connais de cette histoire, je l'ai su par Virginie. Pour Antoine, c'était trop douloureux.

DL — Son parcours, la recherche de soi-même et de son propre style, tout en restant fidèle aux principes énoncés dans le *Manifeste réaliste*, ont un intérêt particulier, parce qu'il a suivi en solitaire ce cheminement. Cela a été long et dur. « Ce sera vers 1920 – je vous cite – [que] Pevsner découvrira sa véritable vocation et, après les tâtonnements de sa jeunesse, deviendra enfin lui-même[5]. »

BD — Cela a été difficile à la fois matériellement et psychologiquement. Il était très fidèle à son matériau, au métal, dans sa sculpture. Mais c'était la marque d'un artiste exigeant, qui fuyait la facilité, chérissait la sobriété, affectionnait les moyens sévères.

DL — Il vous a invité à l'atelier et vous a permis d'assister au processus de soudure des baguettes. Était-ce un privilège ?

BD — Oui, il m'a d'abord demandé de mettre un masque pour regarder. Il soudait au feu

6. Mady Ménier, « Aux pieds de la tour Eiffel », Jean-Claude Marcadé (dir.), *Colloque international Antoine Pevsner*, Paris, Art Éditions, 1995, p. 58-81.
7. Bernard Dorival, *op. cit.*, p. 21.

chaque baguette pour réaliser des plans, qu'il travaillait par la suite. C'était un travail exceptionnellement difficile et long, ce qui explique le nombre réduit d'œuvres. Il n'était pas Rodin. Il ne créait pas en série. Je crois d'ailleurs que le Musée national d'art moderne est un des plus riches au monde concernant l'œuvre de Pevsner.

DL — Dans toute sa création, dans la sculpture, dans la peinture et surtout dans le dessin, on a l'impression qu'il utilise même le compas ?

BD — Bien sûr. Dans une construction, comme les architectes, il faut utiliser la règle et le compas. Mais, malgré cela, il ne s'intéressait pas au cubisme. Il m'a raconté que dès son arrivée à Paris, il a vu un Salon des cubistes, qui ne l'a pas intéressé. C'était un déçu du cubisme. Il ne parlait jamais de Picasso ou de Braque. Un peu de Delaunay. Mais il était passionné par la tour Eiffel [6], passion qu'il avouait très clairement. Ce fut son coup de foudre à Paris et également l'origine de sa sculpture en métal. Cela peut sembler étonnant, mais ce n'est pas faux.

DL — Vous pensez que l'attribution des titres pour sa sculpture était aléatoire ?

BD — Sûrement pas. C'était réfléchi. Par exemple la *Construction spatiale aux 3ᵉ et 4ᵉ dimensions* de 1961, c'était un courant dans l'art et même une mode. Apollinaire ne parlait que de la quatrième dimension, sans jamais avoir dit ce que c'était. Je crois d'ailleurs que le voyage à Paris de 1911 a été décisif pour lui, même s'il ne s'est pas laissé influencer par le cubisme. Je ne crois pas qu'il ait fréquenté Laurens, par exemple. Il n'en parlait d'ailleurs pas ; il ne parlait pas non plus de ses compatriotes, Larionov et Gontcharova. Il disait seulement qu'à Moscou il y avait des gens intéressants.

DL — Vous écrivez dans votre ouvrage publié en 1965 [7] : « Il dessinait sculpturellement ». Or on sait qu'il ne faisait pas de dessin préparatoire, sauf quelques rares exceptions.

BD — Le dessin était indépendant. Je crois qu'Antoine s'est trouvé très tôt, mais il a été long à se réaliser. Il était très exigeant et perfectionniste. Il laissait les choses mûrir dans son esprit, et quand l'idée était mûre, il se mettait au travail. Il n'y a rien de superflu dans sa création.

DL — Vous mettez l'accent sur la précision du dessin, sur la limpidité du tracé. Il ne faisait pas de lavis, ni de gouache, refusant « leurs effets complaisants ».

BD — Il avait un esprit cartésien. Il aimait les choses claires et distinctes. J'y vois la même volonté de pureté, de clarté. Je le trouvais à la fois racinien et mozartien. Sa sculpture est très musicale, rythmée. Ses constructions ont une résonance recherchée, c'est la raison pour laquelle j'ai pensé, en parlant de lui, à Mozart.

Salle Pevsner au Musée national d'art moderne, Paris 1964. Centre Pompidou, Musée national d'art moderne, Paris

Pevsner, son itinéraire créateur : de la représentation à la construction

Jean-Claude Marcadé

Matériaux nouveaux, formes nouvelles, rythmes nouveaux, conceptions nouvelles de l'espace, expression du mouvement en tous ses déploiements possibles, bref, rénovation totale de l'art de la sculpture, tels sont les traits capitaux d'une œuvre de géomètre, d'ingénieur et de poète, une œuvre où le génie inventif s'accorde avec une exquise sensibilité et qui nous apparaît comme une des plus représentatives de notre âge, une de celles par quoi notre siècle se sera défini et représenté avec le plus péremptoire éclat.

Jean Cassou[1] (1964)

Pendant presque un demi-siècle, du milieu des années 1910 à sa mort en 1962, Antoine Pevsner aura déroulé une œuvre de dessinateur, de peintre et de sculpteur d'une totale originalité dans l'art européen et universel. Ce que, avec son plus jeune frère Gabo, il avait fondé entre 1916 et 1924 et qui s'appellera dans l'histoire de l'art le constructivisme, est une des révolutions esthétiques les plus profondes qui aient jamais été opérées depuis les origines des arts plastiques. Pevsner y restera fidèle jusqu'à la fin de sa vie, sans la moindre palinodie. Son œuvre s'est enfantée dans la douleur, les maladies (l'artiste avait une santé fragile), les doutes, les difficultés financières perpétuelles qui furent le lot des émigrés russes de façon générale, le conflit permanent, paranoïaque, entre lui et son frère Gabo (de six ans son cadet et lui ayant survécu quinze ans), qui revendiquait pour lui seul les découvertes du constructivisme et souffrait maladivement de se voir associé à son frère, qu'il soupçonnait régulièrement de mener à Paris des actions souterraines contre lui.

L'œuvre de Pevsner est là, elle parle par elle-même. Elle est la preuve d'une exigence et d'une tension extrême du *Kunstwollen*. Elle ne cherche pas à plaire, elle est en quête des rythmes essentiels du monde et d'une forme adéquate, complexe et obstinément travaillée. « Chaque œuvre de Pevsner a le mérite d'avoir été attentivement pensée », écrit le premier exégète de l'artiste, René Massat[2].

Relativement réduite en quantité, l'œuvre de Pevsner possède une richesse et un caractère multiple incomparables. Il est des artistes dont on a l'impression qu'ils ont fait la même œuvre, sur des modes divers, toute leur vie. Chez Pevsner, c'est l'inverse. Pratiquement, chaque œuvre est un microcosme à lui seul, un résumé chaque fois nouveau de l'Univers. De façon générale, chaque objet créé par Pevsner, dessin, peinture ou sculpture, est à lui seul un monde nouveau, avec sa lumière et son ombre, sa circonscription du vide, son cinétisme interne. Une sculpture de Pevsner est un acte pur, une décision, un risque. On n'y sent jamais le confort d'une formule définitive. Et, paradoxalement, cet art si classique par sa perfection artisanale, par le souci de l'ordonnance, est en même temps perpétuellement ouvert, prêt à se métamorphoser en de nouvelles explorations de ce vide spatial générateur du monde.

De 1902, année de son entrée comme auditeur libre à l'École d'art de Kiev, à 1916, année où il rejoint à Christiania [Oslo] son jeune frère Gabo, sa production, dont nous ne connaissons pratiquement que des photographies, est essentiellement picturale, se partageant entre dessins et peintures à l'huile à dominante symboliste, mais comportant déjà des éléments de géométrisation des éléments figuratifs.

De 1916 à sa venue à Paris en 1923, l'œuvre est encore essentiellement picturale, avec cependant les premiers essais de reliefs et de sculptures. L'esthétique passe de tableaux qui gardent des éléments figuratifs réduits à la plus simple expression, de type cubo-futuriste, à l'abstraction totale.

1. Marie-Noëlle Pradel (dir.), *Pevsner au Musée national d'art moderne. Les écrits de Pevsner*, Paris, RMN, 1964.
2. René Massat, « Antoine Pevsner et la primordialité d'être », Jean-Claude Marcadé (dir.), *Colloque…*, Paris, Art Édition, 1995, p. 164.

3. Traduction du Certificat de l'École d'art de Kiev, Jean-Claude Marcadé (dir.), *Colloque…*, *op. cit.*, p. 255.
4. Voir Dmytro Horbatchov, « La vie à Kiev au temps de Pevsner (1902-1929) », J.-Cl. Marcadé (dir.), *Colloque…*, *op. cit.*, p. 8.
5. Sur « Le Maillon », voir Dmytro Horbatchov, *ibid.*, p. 11.
6. Cité par Dmytro Horbatchov, *ibid.*
7. Voir Valentine Marcadé, *Le Renouveau de l'art pictural russe 1863-1914*, Lausanne, L'Âge d'Homme, 1972, p. 147-148.
8. Bénédikt Livchits, *L'Archer à un œil et demi*, Lausanne, L'Âge d'Homme, 1971, p. 35.
9. Cité par Valentine Marcadé, *op. cit.*, p. 147.
10. Voir Nicoletta Misler, « Antoine Pevsner et l'artiste symboliste Mikhaïl Vroubel », J.-Cl. Marcadé (dir.), *Colloque…*, *op. cit.*, p. 16-39.

À partir de 1923, la peinture cède la place aux constructions, bas-reliefs et sculptures construites. Alternent cubo-futurisme et abstraction.

Enfin, dès 1928-1929, Pevsner a trouvé sa voie : l'abstraction, et, à partir de la fin des années 1930 jusqu'à sa mort en 1962, l'invention et l'élaboration d'une texture « rayonniste », striée, qui restera comme un des traits distinctifs majeurs de sa poétique.

Nous avons peu d'éléments précis sur la vie et la création de Pevsner avant 1916. Nous savons, grâce à l'historien de l'art ukrainien Dmytro Horbatchov, qu'il a fait son apprentissage de peintre à l'École d'art de Kiev entre 1902 et 1909, date à laquelle il obtient un diplôme lui permettant d'être « professeur de dessin et de dessin technique dans les établissements d'enseignement secondaire[3] ». Il a pu côtoyer pendant ces années 1900 d'autres élèves de l'École d'art de Kiev, futurs membres, comme lui, de *l'art de gauche* (de l'« avant-garde ») russe et ukrainien : Bogomazov, Alexandra Exter, Malévitch, Archipenko ou Vladimir Bourliouk[4]. Pevsner a forcément vu les deux manifestations les plus importantes du nouvel art dans la capitale ukrainienne : à l'automne de 1908, « Le Maillon » (*Zvéno*), exposition organisée par Alexandra Exter avec le concours de Koulbine et de David Bourliouk, et en 1909, venu d'Odessa, le premier Salon international du peintre et sculpteur Izdebsky, avec le concours efficace de Kandinsky. « Le Maillon » était un premier pas, encore timide, prolongeant l'exposition moscovite « Στέφανος » au même moment, qui mêlait l'impressionnisme, le symbolisme et un certain primitivisme des formes[5]. La critique traita à cette occasion Larionov, Natalia Gontcharova et les autres novateurs de « voyous » : « Ce n'est pas de l'art, c'est une mystification à l'adresse de notre société naïve[6]. » Le Salon international d'Izdebski, lui, présentait tout ce qui se faisait de plus novateur en Europe autour de 1909-1910[7]. Kiévien lui aussi, le poète Bénédikt Livchits rapporte l'émoi provoqué par le Salon international : « Dans ces années de fièvre, la peinture française, sur laquelle s'alignait notre peinture russe, a passé d'une tendance à l'autre avec une rapidité ahurissante, et les œuvres de Van Dongen, Derain, Gleizes, Le Fauconnier, apportées en 1910 par Izdebsky, laissaient loin en arrière les innocentes recherches novatrices de ceux qui avaient pris part au "Maillon" […]. Ce fut non seulement une nouvelle vision du monde, dans toute sa magnificence sensuelle et sa diversité extraordinaire […], c'était là une nouvelle philosophie de l'art, une esthétique héroïque qui renversait tous les canons établis[8]. »

Et cette affirmation d'Izdebski dans la préface du catalogue a pu trouver un écho chez le jeune Pevsner : « La peinture n'est pas seulement un moyen de reproduire servilement les impressions du monde qui nous entoure, mais un moyen de créer ce qui est encore inconnu et peut être même un moyen irréalisable de créer un autre monde encore jamais vu et non réel[9]. »

A. Pevsner, *Autoportrait sur fond décoratif*, aquarelle, 1912
Coll. particulière, Saint-Pétersbourg

Dans cette première époque, l'artiste qui a marqué le plus le jeune Pevsner, c'est sans aucun doute le puissant visionnaire Vroubel, dont la création, à partir des éléments floraux ou des formes de la nature (conques, perles, vagues…) de tout un monde en gestation, n'a pas dû être sans incidence sur la formation du futur sculpteur, qui créera des formes abstraites inconnues jusqu'alors, dont l'impulsion vient sans aucun doute des mouvements observés dans la nature. Nicoletta Misler a bien montré ce qui unit Vroubel et Pevsner[10], en particulier dans la série des dessins et des peintures réalisées avant le séjour en Norvège en 1916 avec Gabo. Les aquarelles *Stenka Razine juché sur un rocher* [alias *Le Géant*] (1907), *Autoportrait* (1912-1913), l'huile *Fresque pour la coupole d'une église* (vers 1913), le dessin *Tête féminine* (1913) sont marqués par la poétique florale, mosaïque, à facettes, de Vroubel.

De Vroubel vient en partie le caractère artisanal de la fabrication des œuvres d'art, comme le note Nicoletta Misler [11].

Quand on regarde l'aquarelle *Autoportrait* (coll. de la famille, Russie), en plus de l'évidente esthétique florale vroubélienne – l'immersion du personnage dans un parterre où poussent d'étranges plantes picturales –, l'œuvre a quelque chose à la fois de *unheimlich* et de visionnaire, en particulier dans le *sdvig* (le décalage) dans la représentation des yeux, qui offrent, de façon exacerbée, le même jeu instauré par Vroubel entre le plein et le vide, l'effroi et la vision d'une autre réalité. Nicoletta Misler met en rapport cette inquiétude psychique avec les troubles de Vroubel, qui furent d'une gravité incomparable. Si Pevsner n'a pas sombré dans la folie comme Vroubel, il a tout au cours de sa vie été sujet à des pulsions pathologiques, qu'il a surmontées par la conscience qu'il en avait, comme en témoigne sa correspondance avec Gabo, et surtout, bien entendu, par un acte créateur volontaire, acharné, porté par un sentiment missionnaire prophétique.

A. Archipenko, *Tête*, 1915, bronze
Coll. particulière, Paris

Ce que Pevsner lui-même a voulu retenir de sa période de formation, c'est l'expérience de l'icône avec son esthétique de la perspective inversée, du vide et du plein, de l'ouvert et du clos : « Le primitivisme ne connaissait pas les lois de la perspective, que la Renaissance devait découvrir par la suite, mais les primitifs produisaient l'impression d'espace grâce à cette perspective renversée. Cet emploi de surfaces, tantôt fuyantes, tantôt saillantes, ces formes qui paraissent tantôt ouvertes, tantôt fermées, allaient devenir plus tard un aspect essentiel de mon œuvre [12]. »

C'est cette expérience de l'icône qui lui a fait refuser de façon obstinée l'étiquette de « cubiste » dont on l'a affublé. René Massat a bien interprété la pensée et la pratique du maître dans ce domaine : « Pour Pevsner, il s'agissait moins d'élaborer que de voir. Sa mémoire était riche de l'observation des icônes. Les primitifs ont utilisé la perspective en inversant les lois naturelles de la vision. Le point de départ, dans la manière de représenter les choses selon les différences que leur donnent leur position et leur éloignement, est le point situé le plus près de l'œil. La distance fait diverger les deux extrémités des lignes idéales issues de ce point de départ. L'œil humain a spontanément tendance à rectifier cette représentation de l'éloignement et de la position de l'objet, et crée ainsi un mouvement engendré par la rencontre de la perspective émotionnelle – c'est-à-dire ce qu'il découvre, s'il sait voir, au-delà des apparences de la vision commune – et de la perspective scientifique, c'est-à-dire ce qu'il voit naturellement [13]. »

Après la période de tâtonnement qui a suivi un bref passage à l'Académie des beaux-arts de Saint-Pétersbourg en 1909-1910 (il n'y est resté que trois mois) [14], puis à l'usine de raffinage du cuivre de son père, il habite Paris, de l'automne 1911 au début 1914. Nous avons très peu d'éléments sur cette période. Nous savons par des témoignages concordants qu'avant de venir dans la capitale française, il connaissait les œuvres des impressionnistes, du premier cubisme, des fauves et de Matisse, non seulement grâce au Salon international d'Izdebski mais aussi grâce aux collections moscovites de Morozov et de Chtchoukine, qui furent, faut-il le rappeler, une académie pour tous les novateurs russes des années 1900 et 1910.

Virginie Pevsner a d'autre part rapporté qu'« il aimait beaucoup rappeler son séjour en 1913 à Paris, dans le quartier Montparnasse, et ses conversations avec Modigliani et Archipenko à la Closerie des lilas [15] ». Il est vrai que l'artiste manifeste dans ses lettres son admiration pour Modigliani. Quant à Archipenko, son compatriote kiévien, n'a-t-il pas troué la masse pour la première fois dans l'histoire moderne de la sculpture avec sa *Femme marchant* de 1912 [16], dont des œuvres comme *Fontaine* (ancienne coll. S. et C. Giedion-Welcker), *Figure*

11. Nicoletta Misler, *ibid.*, p. 36.
12. « Propos d'un sculpteur. Interview d'Antoine Pevsner par Rosamond Bernier », *L'Œil*, novembre 1956, n° 23, p. 29.
13. René Massat, « Peintures anciennes de Pevsner », *XXᵉ Siècle*, mai 1961, n° 1, p. 67.
14. Voir John Bowlt, « L'enseignement artistique à Saint-Pétersbourg et à Moscou pendant les années de formation d'Antoine Pevsner », J.-Cl. Marcadé (dir.), *Colloque…*, *op. cit.*, p. 40-57.
15. Virginie Pevsner, « Avant-Propos », Bernard Dorival (dir.), *Le Dessin dans l'œuvre d'Antoine Pevsner*, Paris, Prisme, 1965.
16. Voir *Alexander Archipenko*, Saarbrücken, Moderne Galerie des Saarland-Museums, 1986, p. 28-33. Au dos de la sculpture est inscrit en français : « Après moi viendront des jours quand cette œuvre guidera et les artistes sculpteront l'espace et le temps » ; voir aussi *Sculpture du xxᵉ siècle 1900-1945. Tradition et ruptures*, Saint-Paul, Fondation Maeght, 1981, p. 22. À propos de l'œuvre d'Archipenko, Apollinaire écrivait en 1914 dans *Der Sturm* : « Couleurs et lumières jouent sur les formes devenues humaines et semblent les pénétrer. Les voussures, les formes complémentaires, la différenciation des plans, les creux et les reliefs, jamais brusquement opposés, se soulèvent en pierre vivante, à qui un coup de ciseau passionné a donné une expression sculpturale », cité dans *ibid*.

17. Voir *Alexander Archipenko, op. cit.*, p. 34-37.

18. De la même façon, Gabo rejettera tout contact avec Archipenko. L'influence de celui-ci sur Gabo est pourtant évidente en 1916-1917 : par exemple, les divers *Torses construits* de Gabo sont une cubofuturisation de *Figure inclinée* d'Archipenko des années 1910. De même, la *Tête construite dans une niche* de Gabo conjugue autant la poétique du creux et du saillant d'Archipenko dans sa *Tête construite* de 1913, que les gestes de Malevitch et de Tatline en 1915 consistant à utiliser des encoignures pour leurs œuvres, voire celui d'Henri Laurens dans sa *Femme à la mantille* de 1915. Sur Laurens-Gabo, voir Mady Ménier, « Aux pieds de la tour Eiffel… », J.-Cl. Marcadé (dir.), *Colloque…, op. cit.*, p. 71.

19. « Propos d'un sculpteur. », *op. cit.*, p. 29.

20. Voir la lettre du frère aîné, Yérémieï, de 1959-1960, qui parle de « l'époque où nous nous avons expédiés vous deux, Natan [Antoine] et Néhémia [Naoum], en Norvège, c'est-à-dire nous ne voulions pas que vous vous retrouviez dans l'armée tsariste au moment de la Première guerre mondiale », Fonds Gabo, Tate Gallery Archive, C V 5.

21. Voir lettre de Pevsner à Gabo [1945], Archives de la Tate Gallery, C III 169.

22. E. Ziornova [une élève de Pevsner aux Vkhoutémas en 1920], citée par Sélim Khan-Magomédov, *Vhutemas*, Paris, Regard, 1990, t. II, p. 807.

23. Voir lettre de Pevsner à Gabo [1945], Archives de la Tate Gallery, C III 169.

24. Je me permets de renvoyer ici à mon livre *L'Avant-Garde russe. 1907-1927*, Paris, Flammarion, 1995, p. 79-81.

25. L'exposition itinérante « Die grosse Utopie » [La grande utopie] (1992-1993, Francfort, Amsterdam, New York, Moscou) n'a exposé que des tableaux de Pevsner et aucun relief et sculpture entre 1923 et 1932, date limite de cette exposition – ce qui est préjudiciable pour la juste appréciation de Pevsner dans le courant de l'avant-garde russe européenne des années 1920.

(ancienne collection Harry Lewis Winston) de 1925, ou le *Danseur* de 1927-1929 (Yale University Art Gallery) sont des descendants constructivistes ? De même avec *La Danse*, également de 1912, Archipenko faisait circuler le vide dans une construction sculpturale [17], non plus dans une volonté de représentation mimétique, comme c'est le cas dans les *Mouvements de danse A et B* de Rodin en 1911, mais dans un pur geste plastique, ce qui sera radicalisé et repensé par Pevsner dans une perspective abstraite, par exemple dans la *Projection dans l'espace* de 1924 (Baltimore, Museum of Modern Art). L'artiste n'a pas reconnu cet héritage car, au fur et à mesure de sa création, il a pris conscience du caractère radical de la révolution plastique-métaphysique de son constructivisme et de ce que cette révolution avait d'absolument contraire à la tradition sculpturale de toujours, celle du travail de la masse, en particulier, chez ses contemporains, dans le cubisme, le cubo-futurisme et, bien entendu, le surréalisme, voués désormais aux gémonies [18]. De tout cela, il n'a voulu retenir que la tour Eiffel : « L'ingénieur Eiffel a été le premier constructiviste [19]. »

En 1916, Pevsner est envoyé par sa famille dans la capitale de la Norvège, qui s'appelait alors Christiania, pour rejoindre ses plus jeunes frères Gabo et Alexeï, et échapper comme eux au service militaire [20]. Dans une de ses lettres de « mise au point », en 1945, Pevsner rappelle que lorsqu'il a vu la maquette d'une tête de Gabo (sans doute la *Tête construite n°1* du Städelsches Kunstinstitut de Francfort), il y a reconnu la réalisation des lois de la perspective inversée de l'espace et du volume, lois que connaissaient les primitifs et dont eux, Gabo et Pevsner, avaient une conscience aiguë [21].

Les peintures de Pevsner créées entre 1916 et 1923 – *Formes abstraites* (MoMA), *Tête de femme italienne* (Bâle, Kunstmuseum), *L'Absinthe* (Moscou, galerie Trétiakov) – sont bâties sur un réseau de lignes créant des unités cellulaires, triangles, trapèzes, cônes, ellipses, toute une iconographie qui indique une interprétation originale du cézannisme géométrique. La potentialité de relief y est évidente. L'auteur de la *Tête de femme italienne* – toute en mordorures et en nuances jaune roux – a fait des expériences de bas-relief avant son passage en 1923-1924 à la création en trois dimensions. C'est ce dont témoigne la *Composition* datée de 1917 où, sur un bois mordoré, sont appliqués des éléments de plâtre semi-spiraliques formant trois

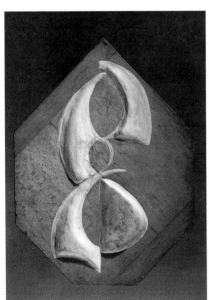

A. Pevsner, *Bas-Relief*, 1917, matière plastique et plâtre sur bois Coll. particulière, France

ellipses, un corps purement plastique. Pevsner a donc travaillé avant son départ de Russie sur la forme abstraite. Il a donné dans ses tableaux la version picturale des *Têtes* de Gabo (1916-1917), où l'on retrouve, en trois dimensions, le même vocabulaire de plans géométriques, le même souci de réaliser les principes de la perspective inversée. L'esthétique des « facettes », qui est celle de Gabo dans ses sculptures et de Pevsner dans ses tableaux entre 1916 et 1922, prend en compte toute une culture picturale « cristalline » russe, en particulier chez Vroubel. On sait que Pevsner, dans son enseignement des Vkhoutémas [Ateliers supérieurs d'art et de technique], donnait des cristaux à ses élèves pour réaliser des compositions « en représentant le cristal vu simultanément sous plusieurs angles [22] ».

René Massat a montré les minutieux préparatifs des tableaux de Pevsner et décrit son travail sur la texture, digne des moines-peintres russiens médiévaux que l'artiste aimait invoquer [23]. En cela, il est bien un représentant de l'école russe du XXᵉ siècle où la *facture* a joué un rôle de première importance [24].

Bien qu'il ait peint des tableaux toute sa vie, Pevsner, après 1923, s'est voulu essentiellement sculpteur. Il a constamment protesté contre Gabo, qui voulait le reléguer dans la peinture [25].

Les tableaux exécutés entre 1923 et 1962, souvent pour des raisons alimentaires car se vendant plus facilement que les sculptures (Gabo était son agent dans ce domaine), ne sont pas très nombreux relativement, mais sont chaque fois des chefs-d'œuvre, comme ces *Plans abstraits* (début des années 1920) où, précise René Massat, « les formes, sur fond vert, allant du blanc au rouge puis au noir en glacis, ressemblent à une respiration, une palpitation bien cadencée, alternant les longues et brèves des passages de valeurs où le rythme s'intègre [26] ».

Revenu à Moscou après les révolutions de 1917, Pevsner est aussitôt mêlé à l'activité artistique effervescente de la cité. Il avait acquis une certaine notoriété en exposant par deux fois en 1918-1919 dans des expositions nationales. Mais surtout, il était professeur aux Ateliers libres [Svomas], puis aux Ateliers supérieurs d'art et de technique [Vkhoutémas], et avait même eu l'insigne honneur de remplacer Malévitch à la tête de son atelier moscovite lorsque celui-ci partit pour Vitebsk à l'automne 1919. Pevsner participa aussi à l'activité du Soviet [conseil] des maîtres-ouvriers-peintres entre décembre 1919 et mars 1920, date à laquelle le Soviet se transforma en Institut de la culture artistique [Inkhouk]. Il prit part aux premières séances de l'Inkhouk, où il se mit du côté des partisans de l'orientation pratique de l'institut, contre la tendance, représentée par Kandinsky, de faire de l'Inkhouk une organisation scientifique et théorique. Le groupe de Kandinsky l'emporte en avril 1920 et « après la victoire des partisans de l'orientation théorique, N. Pevsner, en tant que partisan de l'orientation pratique dans le travail de l'Institut de la culture artistique, se désintéressa de ce dernier et cessa par la suite de prendre part à ses activités [27] ».

Au mois d'août 1920 eut lieu un événement mémorable : une exposition en plein air, dans un kiosque à musique du boulevard Tverskoï à Moscou, intitulée « Exposition de la peinture de Natan Pevsner, de la sculpture de Naoum Gabo et de l'école de Pevsner. Gustav Klucis ». À cette occasion, tout Moscou est placardé d'une affiche-manifeste qui porte le titre de « Manifeste réaliste » et est signée « N. Gabo, Noton [sic] Pevsner ». La polémique que Gabo a initiée au sujet de la paternité du *Manifeste réaliste* nous paraît peu intéressante aujourd'hui [28]. Pevsner n'a jamais nié que le manifeste avait été écrit par Gabo, dont il ne cesse de reconnaître le talent d'écrivain pour exposer *leurs* idées. Pevsner n'a jamais varié dans sa vie : il a toujours fait passer l'acte créateur, où joue l'intuition, c'est-à-dire une pensée informulée, avant le discours théorique. S'il s'est mis à la fin de sa vie à mettre des idées sur le papier, chose à laquelle il répugnait, c'est parce que Gabo lui a interdit, après la parution des « Extraits d'une lettre de Gabo et Anton Pevsner » dans le premier numéro des *Réalités nouvelles* en 1947, d'écrire en leurs deux noms. Et dans l'écriture, Pevsner se montre tel qu'il est dans sa création artistique : jamais complaisant, toujours grave, visant l'essentiel [29]. Il est évident que le *Manifeste réaliste*, même s'il a été rédigé par Gabo, est le fruit de leurs discussions passionnées sur l'art, sa structure (la construction), sa destination, ses destinées, en particulier lors des années cruciales norvégiennes en 1916-1917 : « Nous étions tous deux aux prises avec le problème de la profondeur, essayant de créer des profondeurs dans l'espace. C'est alors qu'ensemble nous avons commencé à élaborer notre conception de l'espace et du temps. Nous cherchions le moyen d'utiliser le vide et de nous libérer de la masse compacte [30]. » Certes, on le sait, le constructivisme soviétique est né comme mot même en 1921, mais il était le fruit en Russie d'une période

26. René Massat, « Peintures anciennes de Pevsner », *op. cit.*, p. 68 ; l'auteur consacre de beaux passages au tableau *La Naissance de l'Univers* (Mnam, début des années 1930) qui, selon lui, « contient et exprime la naissance de l'œuvre, le phénomène, l'événement, la création ».
27. Sélim Khan-Magomédov, « Les frères N. Pevsner et N. Gabo et le premier constructivisme », J.-Cl. Marcadé (dir.), *Colloque…*, *op. cit.*, p. 105. Tout l'article de Khan-Magomédov donne un panorama très instructif de l'atmosphère artistique dans laquelle se déroula le travail de Pevsner entre 1917 et 1923).
28. Voir Jean-Claude Marcadé, « Le *Manifeste réaliste* et l'œuvre d'Antoine Pevsner », *op. cit.*, p. 82-97.
29. Voir Marie-Noëlle Pradel (dir.), *op. cit.*
30. « Propos d'un sculpteur. Interview d'Antoine Pevsner par Rosamond Bernier », *op. cit.*, p. 30.

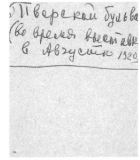

Portrait d'Antoine Pevsner, 1920
Annotations d'Antoine Pevsner au recto et verso en cyrillique
Archives Pevsner, AAAP
(Recto)

(Verso)

Affiche du *Manifeste réaliste*, 1920
Coll. Berlinische Galerie

31. Voir la traduction par Gabo en anglais de la proposition : « Tels sont les cinq principes irréfutables de la création de notre technique de la profondeur » [voir la nouvelle traduction intégrale à partir du russe du *Manifeste réaliste* par Jean-Claude et Valentine Marcadé dans le *Bulletin de l'Association « Les Amis d'Antoine Pevsner »*, n° 2, printemps 1997, p. 10-15]- par : « These are the five fundamental principles of our work and our constructive [sic] technique », *Gabo on Gabo* (par les soins de Martin Hammer et Christina Lodder), Forest Row, Artists. Bookworks, 2000, p. 28.

32. « Extraits d'une lettre de Gabo et Anton Pevsner », *op. cit.*, p. 64.

33. Voir Martin Hammer, Christina Lodder, *Constructing Modernity. The Art and Career of Naum Gabo, Constructing Modernity. The Art & Career of Naum Gabo*, New Haven & London, The Yale University Press, 2000, p. 403-436.

34. Dans sa correspondance, Pevsner se réfère constamment à l'article de Gabo « The Constructive Idea in Art » et « Sculpture : Carving and Construction in Space » dans *Circle : International Survey of Art*, Londres, Faber and Faber, 1937, p. 1-10 et 103-112 (repris dans *Gabo on Gabo*, *op. cit.*, p. 97-116), où il se pose comme le penseur unique de l'« idée constructiviste » sans faire une seule fois mention de Pevsner.

pré-constructiviste entre 1913 et 1920, où jouèrent leur rôle aussi bien le suprématisme (le mot « construire » revient constamment sous la plume de Malévitch), les reliefs de Tatline (synthèse de la peinture, de la sculpture et de l'architecture) et sa *Tour à la IIIᵉ Internationale* (1920), l'aménagement du Café pittoresque par Yakoulov à Moscou en 1917, la peinture sans-objet (Lioubov Popova, Alexandra Exter, Rodtchenko...), le *Manifeste réaliste* et l'œuvre de Gabo et de Pevsner avant 1921. S'il n'est pas le « manifeste du constructivisme », comme Gabo a voulu le faire croire [31], le *Manifeste réaliste* est capital pour comprendre le développement de toute l'œuvre de Pevsner, tel qu'il l'exprime précisément dans « Extraits d'une lettre de Gabo et Anton Pevsner » en 1947 : « L'espace devient un des attributs fondamentaux de la sculpture. Il cesse d'être, pour nous, une abstraction, pour prendre rang de matière malléable et s'incorporer dans les éléments sculpturaux de notre construction [32]. » Le volume n'était donc plus la seule expression spatiale mais l'œuvre est construite à partir de l'espace, identifié au vide.

Pevsner inaugure la troisième phase de son itinéraire créateur en 1924 à l'occasion de l'exposition « Constructivistes russes Gabo et Pevsner. Peintures, constructions » à la galerie Percier, à Paris. Il est désormais consacré comme sculpteur, et un sculpteur aussi révolutionnaire dans sa saisie de l'espace et des matériaux que son frère Gabo, qui l'avait précédé dans la création sculpturale et lui avait donné les premières impulsions dans ce domaine. D'où des

V. Tatline, *Contre-Relief angulaire* et *Contre-relief*, cimaise de la « Dernière exposition de tableaux 0,10 », 1915, Pétrograd

dialogues de formes dans les œuvres de Gabo et de Pevsner, tout particulièrement dans les années 1920, mais par la suite aussi, et après la mort de Pevsner, que se plaisent à souligner encore aujourd'hui les porte-parole de Gabo, y voyant une preuve de la préséance de Gabo, cela étant accompagné de mésinterprétations de la correspondance [33] et, surtout, d'une conception de la création où les « emprunts » sont considérés comme des signes de dépendance. Comme si une œuvre, aussi originale fût-elle, naissait ex nihilo ! Gabo a d'ailleurs autant reçu de Pevsner qu'il lui a donné. Ce qui compte, c'est l'œuvre réalisée et il faut être aveugle pour ne pas voir que la sculpture de Pevsner est *totalement dissemblable* de celle de Gabo, même si les deux œuvres partent de prémisses identiques. De façon générale, n'est-il pas plus fécond dans le cas de Gabo et de Pevsner (comme d'ailleurs dans le cas de Picasso et de Braque cubistes, qui sont, entre 1908 et 1912, davantage en osmose poïétique), d'envisager leurs créations du point de vue du dialogue, de l'*Auseinandersetzung* ?

Pevsner a toujours reconnu que Gabo avait été le premier à mettre en pratique dans la sculpture les idées qu'ils avaient élaborées ensemble et que lui avait exprimé d'abord par la peinture.

Après la Seconde Guerre mondiale, à un moment où il est contraint, à son corps défendant, de coucher sur le papier ses propres idées, puisque Gabo avait fait cavalier seul dès 1937 [34] et lui avait interdit en 1947, nous l'avons dit plus haut, d'accoler leurs deux noms, il adoptera définitivement le terme de « réalisme constructeur » pour définir la forme d'art qu'il avait adoptée dès 1923 et qu'il n'a cessé d'enrichir de chefs-d'œuvres (il n'y a pas chez Pevsner d'œuvres faibles ou médiocres) jusqu'à sa mort : « Nous nous appelons "constructivistes" parce que nos tableaux ne sont plus peints ni nos sculptures modelées, mais au contraire, construits dans l'espace à l'aide de l'espace. Notre école peut être plus clairement désignée sous le nom de "réalisme constructeur". L'idée guide de cette école est la recherche d'une synthèse des arts plastiques (peinture, sculpture, architecture) en ce sens que ses adeptes s'efforcent de réunir toutes les formes des divers arts plastiques en une seule forme de construction unique dans l'espace et le temps [35]. »

De ce point de vue, le réalisme constructeur de Pevsner et de Gabo est l'héritier de la réflexion passionnée qui s'est élaborée en Russie soviétique dès 1919 autour du concept de *synthèse peinture-sculpture-architecture*, réflexion à laquelle Tatline avait apporté une contribution fondamentale avec ses « assemblages de matériaux » de 1914-1916 [36]. Comme Tatline, Pevsner utilisera son expérience de la peinture pour créer ses travaux constructivistes.

Notons que l'artiste russe a fait des reliefs toute sa vie, qui sont comme une excroissance de la surface picturale. Nous avons fait remarquer plus haut tout le travail d'alchimiste de Pevsner pour créer une « couleur chimique » qu'il fait pénétrer dans le matériau, en général le celluloïd, comme dans le *Relief carré* de 1922. Le *Bas-Relief* de 1923, reproduit dans le catalogue de la galerie Percier, est réalisé sur bois en utilisant le matériau transparent et la couleur. L'utilisation du celluloïd dans les reliefs et les constructions était une nouveauté. Pevsner utilisera la matière plastique comme composante de ses œuvres jusqu'en 1944, mais dès les années 1930, il privilégie les métaux car les matières plastiques « étaient trop fragiles [37] ». De façon générale, il utilisera le bois, le cuivre, le cuivre oxydé, la tôle de cuivre, le bronze, le bronze oxydé, le bronze argenté, le laiton, le zinc, l'argent, l'ivoire, le cristal.

Pevsner fut un des premiers sculpteurs qui ne tailla pas dans la masse des matériaux pour leur donner forme mais qui assembla, monta, combina des matériaux divers pour obtenir un objet construit. En fait, il s'agit encore de *pictural*, si l'on prend ce terme comme plus vaste que ce qui est dit par le mot peinture, c'est-à-dire comme une certaine organisation d'un certain espace. En 1957, Pevsner se demande d'ailleurs si « la sculpture n'est pas en train de reprendre à la peinture la place d'art dominant que cette dernière occupe depuis trois siècles [38] ». Ce qui est assez prophétique si l'on voit la situation des arts à la fin du XXᵉ siècle et au début du XXIᵉ. Charles Delloye décrit les premiers travaux construits, et cela reste valable pour toutes les œuvres jusqu'aux *surfaces développables* de la fin des années 1930 : « Les surfaces planes ou recourbées, les tiges rectilignes ou incurvées qu'il assemblait dans ses premières constructions étaient si profondément diversifiées dans leurs rapports mutuels par leur différence de situation, d'orientation, d'angle d'inclination, de formes et de dimensions, qu'elles ne pourraient en

35. « Extraits d'une lettre de Gabo et Anton Pevsner », *op. cit.*, p.63.
36. Sur l'élaboration du *Jivskoulptarkh* [peinture-sculpture-architecture] à la fin de 1919 à Moscou, voir Sélim Khan-Magomédov, *Pioniere der sowjetischen Architektur. Der Weg zur neuen Architektur in den zwanziger und zu Beginn der dreissiger Jahre*, Dresde, 1983, p. 78 sq.
37. « Propos d'un sculpteur. Interview d'Antoine Pevsner par Rosamond Bernier », *op. cit.*, p. 33.
38. Charles Delloye, « La réalité développable d'Antoine Pevsner », *XXᵉ Siècle*, juin 1957, nᵒ 9, p. 16.

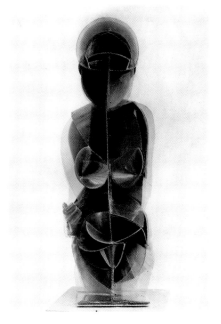

A. Pevsner, *Torse*, 1924, celluloïd
The Museum of Modern Art, New York

A. Pevsner, *Construction en rond*, 1929, bronze oxydé
Elvehjem Museum of Art, Madison

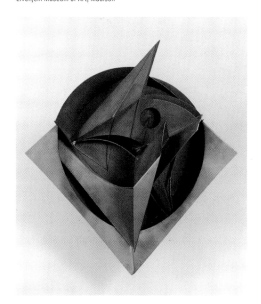

39. *Ibid.*, p. 14 ; sur l'originalité de l'importance accordée par Pevsner au matériau, voir Paul-Louis Rinuy, « Pevsner : le travail de la matière et la genèse de l'art abstrait », J.-Cl. Marcadé (dir.), *Colloque…*, *op. cit.*, p. 202-215.

40. Dans le *Portrait de Marcel Duchamp*, ce n'est pas la ressemblance au modèle qui est de toute évidence recherchée, pas plus qu'il n'y a de représentation mimétique de jeune homme triste, de nus, de célibataires et de mariés chez Duchamp. On pourrait à ce propos dire du portrait de Pevsner ce qu'Apollinaire écrivait à propos des tableaux de Duchamp en 1912, qu'ils conservaient les « traces » de tous les êtres côtoyés (Guillaume Apollinaire, *Méditations esthétiques. Les peintres cubistes* [1913], Paris, Hermann, p. 109-110). Le *Portrait de Marcel Duchamp* est une pure invention plastique où se rythment ouvert et fermé, circulaire et ellipse, transparence et opacité, clarté et obscurité, le tout baignant dans la méditation. Le relief tient à la fois de l'icône et de l'art bouddhique.

41. Chacune de ces œuvres mériterait un commentaire particulier, tellement Pevsner innove à chaque fois en créant une structure de base inédite à l'intérieur de laquelle se déploient courbes et droites, convexes et concaves, vides et pleins, translucidités et opacités, jeux de la lumière et de l'ombre projetée sur un mur, d'où vient le cinétisme interne, provoqué par ces variations spatio-lumineuses ou, parfois, par un plateau rotatif sur le socle, permettant de faire tourner la construction et de prendre conscience visuellement et émotionnellement de sa multifacialité.

42. Sur *La Chatte*, voir Guéorgui Kovalenko, « Le ballet *La Chatte* dans la mise en forme de Pevsner et de Gabo », J.-Cl. Marcadé (dir.), *Colloque…*, *op. cit.*, p. 134-145 ; le catalogue *Pevsner 31 dessins*, Paris, galerie Pierre Brullé, 1998 (où l'on découvre des dessins très nettement liés à l'espace scénique de *La Chatte*).

43. Comme pour le *Manifeste réaliste*, Gabo a prétendu, de façon peu plausible, être le seul concepteur de la scénographie de *La Chatte*…

44. Voir le contrat signé par Diaghilev le 2 mars 1927 et le plan sur papier millimétré de la scène dans Aube Lardera, *Antoine Pevsner, sa vie, son œuvre*, thèse de doctorat, Université de Paris IV, t. II, p. 260-262.

45. Maxence Dichamp, *Anton Pevsner et le Réalisme constructeur*, tapuscrit, 1944, Archives Association « Les amis d'Antoine Pevsner », p. 94.

46. Maxence Dichamp, *ibid.*, p. 95.

47. Voir « Abstraction-Création », *Art non-figuratif*, n° 1, 1932, p. 14.

48. Voir « Abstraction-Création », *Art non-figuratif*, n° 2, 1933, p. 35, repris dans *Pevsner au Musée national d'art moderne. Les écrits de Pevsner*, *op. cit.*, p. 52.

aucune façon trouver dans leurs rencontres ou leurs intersections la concordance nécessaire pour s'organiser en forme fermée et définie. Les constructions restaient alors à claire-voie et pénétrées en tout sens par le vide, se dissociaient par leurs éléments constituants en une pluralité de points de vue discordants – la réduction de la diversité des points de vue étant inséparable en effet de l'uniformité de la masse compacte [39]. »

Jusqu'en 1930 environ, Pevsner fera alterner dans sa création deux formes d'abstraction : une « abstraction figurative » (le *Masque* du Mnam, la *Tête de femme* (ancienne collection Lefebvre), le *Torse* du MoMA, de 1924 ; la *Fontaine* et *Figure*, de 1925, le *Portrait de Marcel Duchamp* (1926) [40], le *Danseur* de la fin des années 1920) et une « abstraction non-figurative » (les *Bas-Reliefs* de 1924-1925, celui du MoMA et celui du Wadsworth Atheneum, la *Construction en rond* de 1925, coll. Löffler, *En manière de construction murale*, 1926, coll. Vatin, ou le *Bas-Relief en creux* de la Washington University Gallery à Saint Louis, 1926-1927) [41].

L'exemple de cette alternance entre présence d'éléments figuratifs abstractisés et purs rythmes polymatiéristes, c'est le travail de Pevsner pour le ballet de Sauguet *La Chatte* aux Ballets russes de Diaghilev en 1927. Diaghilev avait vu l'exposition de Pevsner et de Gabo chez Percier en 1924 et c'est sans doute à ce moment-là qu'est née l'idée de confier aux deux frères la conception et la réalisation de la construction scénique [42]. Pevsner a non seulement réalisé la statue d'*Aphrodite*, typique de l'« abstraction figurative » mentionnée plus haut, mais a également travaillé avec Gabo *à la conception et à la fabrication* [43] des plans abstraits transparents de la mise en forme du spectacle, ce dont témoignent les documents de l'époque [44] et la correspondance de Pevsner (pendant les mois qui suivirent il devra continuellement réparer, voire reconstituer les éléments construits de cette œuvre et refaire une maquette miniature à la fin des années 1930). Les matériaux étaient le rodhoïd et le celluloïd. L'apport original de Gabo était dans les éléments cinétiques. Comme dans l'architecture scénique imaginée par Lioubov Popova pour *Le Cocu magnifique* au théâtre de Meyerhold à Moscou en 1922, les éléments transparents de Pevsner et de Gabo étaient mis en mouvement selon le développement du scénario, en synchronisme avec lui. Chaque ensemble était « actionné soit par un moteur, soit par un manipulateur [45] ». Il y avait aussi des « projections d'objets de modèle réduit, faites derrière les spectateurs et ainsi agrandies sur la scène, [créant] des images fictives mêlées aux constructions réelles de façon très harmonieuse et sans que l'œil du spectateur saisisse la différence. Ces images virtuelles se placent ainsi dans l'espace ou y retrouvent leur volume, leur profondeur, grâce à la seule lumière [46] ».

À partir de 1930 jusqu'à 1961, Pevsner sera un abstrait totalement non-figuratif. Il n'y aura plus de volonté de représenter quelque contour que ce soit d'un objet ou d'un être. Nous utilisons le mot d'*abstraction* tel qu'il s'est imposé dans l'histoire de l'art au XXᵉ siècle. Pevsner lui préférera le terme de *réalisme constructeur*, dont nous avons déjà parlé. « Une œuvre d'art constructiviste n'est en aucun cas une abstraction », disent Gabo et Pevsner en 1932. « Nous ne nous détachons pas de la nature mais, au contraire, nous la pénétrons plus profondément que l'art naturaliste ne fut jamais capable de le faire [47]. » Et en réponse à une enquête, Pevsner déclare en 1933 : « S'il existe encore une similitude extérieure entre la création technique et celle d'une construction d'art, la première nous aide à calculer les perturbations de la mécanique planétaire, tandis que l'autre nous donne la possibilité de mettre à jour les forces cachées de la Nature [48]. »

On peut subdiviser cette période entièrement abstraite en trois étapes.

Tout d'abord, les deux *Constructions dans l'espace* (celle du Kunstmuseum de Bâle et celle du Mnam, créées autour de 1930), le *Bas-Relief* du Solomon R. Guggenheim (1932), la *Construction pour un aéroport* du Musée du XXᵉ siècle, à Vienne (1934), et la *Croix ancrée* (1934) du Guggenheim de Venise. La *Croix ancrée*, précise Mady Ménier, « marie avec force l'irréfutable plénitude du marbre et du cuivre et la transparence du cristal », en elle « les pleins sont réintroduits par les surfaces opaques », lesquelles « s'opposent, terme à terme, à la transparence du cristal par quoi le vide est évoqué, comme mimé [49] ». Mady Ménier parle pour ce type d'œuvre de « ce souverain équilibre où jamais la simplicité n'engendre la sécheresse et où la richesse même garde un accent austère [50] ».

Suit une période intermédiaire où l'artiste commence à utiliser la ligne droite dans la construction de ses objets. Cela commence avec les *Lignes tangentes* de la collection Herbert de Rothschild de 1934-1935, la *Construction pour un aéroport* du Stedelijk Museum d'Amsterdam (1935), les *Surfaces développables* de 1938 (coll. O. Müller et du Guggenheim de Venise), ou encore la *Projection dans l'espace* de 1938-1939 de la collection Sacher.

Enfin, avec la *Projection dans l'espace* et les *Surfaces développables* de 1938-1939, c'est déjà le vide spatial qui engendre les formes courbes. Le sculpteur inaugure le striage des larges surfaces opaques par des baguettes de métal qui semblent partir d'un même point (le vide) pour se déployer en rayonnements.

Pevsner soude de fines tiges de laiton, de zinc, de cuivre ou de bronze et recrée des stries à la lime. Ses outils sont la bouteille d'oxygène, la lampe à souder[51]. Dans son interview avec Rosamond Bernier en 1956, il déclare qu'« il faut savoir exactement comment les divers métaux et matières premières réagissent lorsqu'ils sont chauffés. Je travaille avec le feu : les hasards du feu, les résistances diverses doivent entrer en ligne de compte. Je dois être à la fois peintre, ingénieur et sculpteur [52] ». Le sculpteur-constructeur est un maître-ouvrier, un artisan, un manuel, ce que nous savions déjà depuis sa période russe.

Bien que Pevsner n'ait jamais employé la couleur pour couvrir les surfaces, il y a une forte présence de celle-ci dans toutes ses œuvres, faites avec des lignes rayonnées. Le « rayonnisme » pevsnérien, qui a une certaine convergence avec le rayonnisme de Larionov en 1912-1914 (dont l'ambition était d'appréhender le monde des objets à l'aide d'un réseau de rayons lumineux émanant de ces objets), entraîne par un nouveau jeu des creux et des pleins un chatoiement, un miroitement, une luisance qui varie selon la lumière qui les enveloppe. La révélation colorée vient du matériau lui-même. Comme l'a affirmé Virginie Pevsner, l'artiste cherchait à exploiter au maximum les caractéristiques et le potentiel inhérent à chaque matériau [53]. Le *Manifeste réaliste* déclarait : « Nous affirmons le TON d'un corps – c'est-à-dire son milieu matériel engloutisseur de lumière, comme l'unique réalité picturale de ce corps. » La lumière, donc, venant de l'extérieur, est secrétée par le tissu même de la surface traitée.

Nous avons vu que Pevsner avait inauguré juste avant la Seconde Guerre mondiale une série intitulée « surfaces développables ». On peut y ajouter, dans la nouvelle technique des tiges soudées, la *Colonne développable de la Victoire* ou *L'Envol de l'oiseau* (1946, Zurich, Kunsthaus), *Le Lis noir* (1943-1944) Cologne, coll. particulière, la *Colonne* (1952, ancienne coll. baronne Lambert). L'appellation vient de la théorie des surfaces développables que des savants, dont Poincaré en France, avaient développée par des formules mathématiques. On trouve au palais de la Découverte, à Paris, des exemples appliqués à partir des formules d'Henri Poincaré sous forme de petites constructions. Si ce type de modèles donna une impulsion aux sculptures constructivistes, ce fut,

49. Mady Ménier, « Aux pieds de la tour Eiffel… », *op. cit.*, p. 78.
50. Mady Ménier, *ibid.*
51. Voir Jean-Claude Crespelle, « Pevsner sculpte avec la lampe à souder », *Journal du dimanche*, 6 janvier 1957. Pour un exposé précis du travail de Pevsner, voir Paul-Louis Rinuy, « Pevsner : le travail de la matière et la genèse de l'art abstrait », *op. cit.*, p. 203-215.
52. « Propos d'un sculpteur… », *op. cit.*, p. 34.
53. Virginie Pevsner, citée par Elisabeth Lebon, *Antoine Pevsner. Catalogue raisonné de l'œuvre sculpté*, tapuscrit [Archives de l'Association « Les amis d'Antoine Pevsner »], juillet 1998, p. 33.

A. Pevsner, *Colonne développable de la Victoire*, 1946, bronze oxydé
Kunsthaus, Zurich

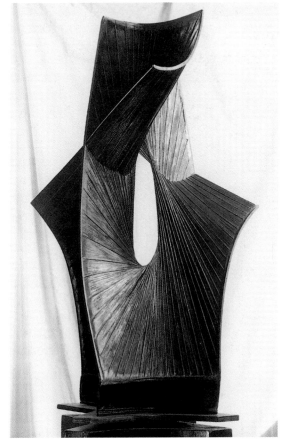

54. « Propos d'un sculpteur… », *op. cit.* p. 33.

55. Dans l'abondante littérature des années 1970 sur le *Tertium Organum*, voir Lenda Hinderson, *The Artist, « The Fourth Dimension » and Non Euclidean Geometry 1910-1930. A Romance of Many Dimensions*, Yale University, 1975 ; Jean Clair, « Malevitch, Ouspensky et l'espace néo-platonicien », dans *Malevitch. Colloque international tenu au Centre Georges Pompidou*, Lausanne, L'Âge d'homme, 1979, p. 15-30.

56. Je remercie Patrick Vérité qui m'a indiqué les éléments conduisant à cette conception poétique de la quatrième dimension : outre les déclarations de Pevsner dans l'interview de Rosamond Bernier en 1956 et ses déclarations dans « La Science tue la poésie » dans *XXe Siècle*, no 12, 1959, il faut mentionner le rapport entre Hinton (et, à sa suite, Ouspienski) et Maeterlinck qui, dans *La Vie de l'espace* (1928), écrit que « nous ne pouvons jamais voir une figure à quatre dimensions avec nos yeux corporels, mais seulement à l'aide de notre œil intérieur » (p. 123).

57. Maxence Dichamp, *Anton Pevsner et le réalisme constructeur, op. cit.*, p. 71.

58. René Massat, « Antoine Pevsner ou la primordialité d'être », *op. cit.*, p. 167.

évidemment, pour résoudre non un problème scientifique mais un problème essentiellement *plastique*. Pour Pevsner, la surface développable est le moyen d'anéantir la surface plane. « J'ai passé plus d'un quart de siècle – dit l'artiste à Rosamond Bernier – à apprendre comment on anéantit la surface plane[54]. » Ombres et lumières se déroulent, jouent, s'absorbent, se diffusent, éléments immatériels qui rendent vivantes et légères ces courbes en apparence massives. Les surfaces développables ont en commun de déployer des surfaces spiraliques, telles des ailes d'oiseau. Dans *Construction spatiale aux 3e et 4e dimensions* (1961) du Mnam il y a également la combinaison complexe de mouvements d'envol. Le débat sur la quatrième dimension est particulièrement animé chez les novateurs européens, en particulier les Russes, autour de 1913. On met en avant les géométries non-euclidiennes, dont un des découvreurs avait été Nikolaï Lobatchevski au milieu du XIXe siècle, pour dépasser l'espace illusionniste de la troisième dimension et aller au-delà. On révèle alors la quatrième dimension, qui est le temps. Des spiritualistes qui puisaient dans les pensées extrême-orientales, comme Piotr Ouspienski dans son *Tertium Organum* (1911) – lu par toute l'avant-garde russe – parleront de cinquième, sixième, septième dimensions, qui seraient autant d'étapes dans l'investigation spirituelle du vrai monde, du monde authentique[55]. La quatrième dimension, en plus de la dimension temporelle créée par la multifacialité des constructions de Pevsner, a aussi une dimension poétique[56].

La complexité des constructions aux tiges soudées est aussi remarquable, d'autant plus que chaque objet fabriqué par Pevsner est unique, « autographe », ne se prêtant que rarement au tirage. Ce qui unit cet ensemble, c'est l'emboîtement des multiples formes constituantes l'une dans l'autre, dans une structure chaque fois renouvelée.

Pevsner, brûlé d'une passion dévorante, est passé par toutes les étapes de l'enseignement académique dans sa jeunesse, mais il a davantage l'esprit d'un artisan fervent du Moyen Âge visant chaque fois à faire son « chef-d'œuvre ». Nous trouvons peu de traces d'hésitations chez lui, aucun déchet. Peut-être les a-t-il éliminés. Chaque œuvre est décisive, totalement nouvelle. Pevsner ne se répète pas. S'il a, comme Gabo, opéré une révolution dans l'histoire de la sculpture, il ne s'est jamais laissé aller à la multiplication des objets qu'il créait.

Homme secret, consumé par des passions, des émotions, des songes, des détresses, hanté par le doute et l'anxiété de créer, Pevsner fut obsédé par le souci de faire naître des univers nouveaux tirés du tréfonds de la Nature et saisis par un élan intérieur impérieux. Les constructions, totalement inédites dans l'histoire de l'art depuis les origines, sçont le résultat d'une élaboration technique complexe, aboutissant sur une extase, ce qu'un critique a appelé « une folie pour la Beauté[57] ». René Massat a souligné que jamais, autant que chez Pevsner, l'œuvre n'a été « un acte de libération de l'invisible et l'artiste […] le médiateur entre l'homme et le mystère initial, celui qui, selon Hölderlin, veut exprimer l'inexprimable[58] ».

Correspondance d'Antoine Pevsner et Naoum Gabo

Archives de la Tate Gallery, Londres
Présentation et traduction de Jean-Claude Marcadé

Les Archives de la Tate Gallery conservent un peu plus de deux cents lettres de Pevsner à son frère Gabo, écrites entre 1923 et 1959. Plusieurs de ces lettres manquent visiblement ou sont incomplètes (s'agit-il d'un tri de Gabo ? il est difficile pour le moment d'en décider). Les lettres de Gabo à son frère ont disparu (sauf celles qu'il n'a pas envoyées et qui se trouvent également à la Tate Gallery).

Les lettres de Pevsner, souvent très longues, constituent un document unique, une forme de journal où le sculpteur rapporte par le menu les événements artistiques (expositions, conférences, rencontres, débats et luttes des divers courants), les misères et les joies de la vie quotidienne, et surtout ses réflexions concernant la place, la mission et les exigences du constructivisme (du « réalisme-constructeur »), qui réclame un engagement total de tout l'être.

Antoine Pevsner et Naoum Gabo
à Paris en 1920
Archives Tate Gallery, Londres

La calligraphie et le style de ces lettres varient selon les moments : dans les périodes d'angoisse et de nervosité, ce sont des brouillons mélangeant le cyrillique et les lettres latines, sans ponctuation normative, suivant l'ordre de l'énonciation orale et émotionnelle ; dans les phases de calme et de maîtrise de soi, le discours est plus cohérent, mieux écrit, mais reste émaillé d'anacoluthes.

Comme document humain, ces lettres sont bouleversantes ; comme document historique, elles apportent de précieux renseignements sur la vie des arts en Europe pendant quatre décennies (des années 1920 aux années 1950) ; comme document esthétique, elles nous plongent dans les processus de la création constructiviste.

Nous ne pouvons ici, malheureusement, donner qu'un minime échantillon de cette volumineuse correspondance, qui comporte près de neuf cents pages manuscrites. Mais à la lecture de toutes les lettres, on voit que le « problème » des rapports entre les deux frères, au-delà de l'anecdote, n'est pas celui de Pevsner mais bien le *problème* de Gabo.

C III 108
Paris 4.6.45
Mon cher Ibrahim,

[...]

À Paris, il n'y a pas d'atmosphère du tout et à plus forte raison vivre ici est pour vous impensable. La France est ruinée et il n'y a pas ici à Paris où vivre et les moyens manquent totalement et cela est sans doute pour de longues années. Le milieu artistique est ici extrêmement décomposé : l'art se trouve ici dans un état convulsif désespéré, à tel point que beaucoup, dans une mêlée d'agonie, se sont jetés dans la politique, car la puissance créatrice s'est définitivement éteinte. Ils meurent tous dans le même enthousiasme qu'ils sont nés. Je n'ai pas vu une telle tragédie depuis longtemps. Zervos essaie de ressusciter, il rassemble tous les noyés. Quand j'enterrais Kandinsky [1] dans l'église russe (il n'a pas trouvé d'autre endroit), il s'est adressé à moi pour me demander « si je ne pouvais pas lui donner quelque chose tout de suite » car il prépare un numéro et rassemble des matériaux sur ce que, dit-il, ont fait les artistes pendant la guerre. J'ai eu pour lui le même mépris que pour tous ceux qui ont déjà eu le temps de le couvrir de baisers. Je lui ai refusé sous le prétexte que je n'ai pas pour le moment de clichés. « Alors on vous mettra dans le deuxième numéro. » Mais je suis fermement décidé pour le moment à ne pas lui donner de documents tant que je n'ai pas élucidé ce que tout cela vaut vraiment : et vaut-il la peine de façon générale de se lier à ces dieux morts. Je tâcherai de le voir et d'en parler avec lui [2].

La défaite morale, à ce qu'il paraît, a commencé outre-Atlantique – là-bas a lieu la danse de la mort. C'est ce que je sens. La première hirondelle sous la forme d'une chauve-souris est apparue ici à Paris : Aragon a publié dans sa revue *Ce Soir* [3] une femme à la main bleue et portant un chapeau de Broadway. Cette nouvelle œuvre – d'Hélion – est plus forte que Dali. Les artistes s'agitent dans tous les sens et ne savent pas où se jeter. Ce loup gris a chipé une brebis à Peggy : Hélion a pris sa fille comme femme Peggeen – et la mère elle-même change de fiancés cinq fois par jour. À propos, quand je t'ai demandé de lui écrire, c'était uniquement parce que l'on me retournait systématiquement mes lettres avec un cachet rouge. Je supposais qu'il était plus facile de s'entendre par lettre depuis l'Angleterre, mais je ne pensais pas du tout que tu me comprendrais si mal.

[...]

En ce qui concerne quelques-unes de nos idées sur l'espace, « Guillaume Apollinaire a dit quelque chose d'analogue dès 1913, mais cette analogie n'est rien d'autre que de la phraséologie ; les seuls à avoir réalisé cela dans la vie, c'est nous » : toi et moi et notre constructivisme. Entre parenthèses, il nous est utile de nous rafraîchir la mémoire à propos de ce sur quoi les cubistes se sont cassé le cou : voici les mots d'Apollinaire (je transcris le texte :) « L'art tel qu'il s'offre à l'esprit du point de vue plastique, la quatrième dimension, serait engendré par trois mesures connues : elle figure l'immensité de l'espace s'éternisant dans toutes les directions à un moment déterminé ; elle est l'espace même, la dimension de l'infini ; c'est elle qui donne la plasticité des objets [4]. » Mais toutes les expériences qui ont été produites par quelques cubistes ont fait faillite. Tout le monde alentour cherche à présent à brouiller les cartes, à introduire le chaos, la confusion – car tous ils soupçonnent qu'une terrible lame les menace qui les étouffera [sic] et les achèvera pour les siècles. C'est ainsi aussi que pense Dichamp [5]. Pendant ces années d'enfer, il s'est produit dans ma vie une fracture ; une fracture physique et une fracture morale. Je sens qu'est venu le moment d'avoir un élan – surhumain. Comme cela se produit habituellement avec tous ceux qui sacrifient leur vie pour l'art et ont atteint l'âge mûr. Quelque chose d'analogue s'est produit avec toi, je le sens, bien que tu sois beaucoup plus jeune que moi, mais pour ce qui est de la maturité tu l'as eue depuis longtemps – plus tôt que moi. Tu te défends sans aucun doute de façon beaucoup plus productive dans le sens de la fécondité, et encore plus pour la publicité. Mais tu t'es convaincu toi-même que le cantonnement dans un petit cercle donne un certain nombre de fruits et apporte un certain nombre d'allégements mais coûte pas mal de sang dans les intrigues générales – pour la défense de sa propre personnalité. Dichamp dit que s'il réussit à mettre sur pied son œuvre et à éditer ce livre [6], il serait heureux de s'occuper de toi exclusivement et de faire paraître un livre sur toi afin qu'il soit traduit en anglais et que l'on trouve la possibilité de l'éditer soit en Angleterre ou en Amérique. Mais c'est un homme trop modeste et il n'est pas sûr qu'il sera à ta hauteur. Il pense et est sûr que le livre sur moi sera édité tôt ou tard – il y a énormément de difficultés – il n'y a pas de papier, il faut un grand capital etc. Mais si cette œuvre voit le jour, elle t'apportera absolument autant de profit qu'à moi, si ce n'est plus. C'est pourquoi, tu comprendras en en prenant connaissance que tu dois tout faire pour la diffusion de notre travail et de notre idée, si seulement il est possible de diffuser ce livre à Londres. En ce qui me concerne, je suis déjà d'un âge tel que ma vie va en déclinant et mes forces vont inévitablement se tarir, et mes mains ne seront plus capables de créer quelque chose, je dois me préoccuper, tant que je suis encore sur pied, de tout faire moi-même pour que les idéaux pour lesquels j'ai sacrifié ma vie ne soient pas vains, quelle que soit leur valeur : alors, la disparition charnelle ne sera plus un si grand drame mais une séparation raisonnable d'avec l'énergie et ses manifestations – c. à d. la mort.

Peut-être réussirai-je tout de même à trouver un lien avec ma patrie. Si je pouvais emmener un jour là-bas ma vieille carcasse, la possibilité n'est pas exclue qu'ils s'intéresseront malgré tout un jour à mes œuvres. Cela n'est pas encore assez pour léguer mon enfant à un musée. Il est nécessaire de le protéger encore de mon vivant contre les moqueries et ainsi de le condamner immanquablement à la casse. Il faut tout faire soi-même pour cesser de demander l'aumône et avoir la possibilité de subsister pendant la vieillesse et de ne pas tomber dans la misère.

Chacun de nous deux doit le faire, en premier pour lui-même, et exactement dans la même mesure, si cela est imaginable, pour l'autre ; cet ordre est raisonnable et surtout pratique. C'est pour le moment tout ce que je voulais dire. Je ne ferai pas et n'ai fait aucune manifestation séparatiste en Angleterre, sans ton approbation. Je termine. Je vous embrasse tous très fort.

Taras

Notes
1. Kandinsky est décédé le 13 décembre 1944.
2. Ce n'est qu'en 1950 que Zervos publia dans ses *Cahiers d'art* (n° 2) un article de René Massat, « Antoine Pevsner », avec treize illustrations.
3. Il s'agit du journal de J. R. Bloc, *Ce soir*.
4. Citation très légèrement modifiée des *Méditations esthétiques. Les peintres cubistes* [1913], d'Apollinaire (paragraphe III).
5. Maxence Dichamp, secrétaire du ministre de l'Aviation pendant la Seconde Guerre mondiale, voisin de Pevsner, rue Jean-Sicard, auteur d'une monographie, *Antoine Pevsner et le réalisme constructeur*, restée inédite.
6. Il s'agit du livre mentionné dans la note précédente, resté à l'état de tapuscrit (Archives de l'Association « Les amis d'Antoine Pevsner »).

Mon cher Ibrahim !

Je t'ai envoyé, il y a quelques jours, une lettre : je ne peux pas laisser sans réponse quelques-unes de tes convictions affreuses et ne pas y réagir. […]
Dans ma dernière lettre, j'écrivais que je m'inquiétais et étais peiné de ton état affectif : il ne faut pas être un grand psychologue pour ne pas sentir ce que tu ressens, surtout dans tes dernières lettres où tu dis qu'il est difficile de travailler. Je ne vais pas t'importuner avec des questions superflues. Mais dans ta lettre, je le répète, tu as touché des côtés extrêmement importants de mon âme. « Sur chacun de nous séparément ». Voilà à partir de : « Il faut commencer le travail de purification à partir de notre propre cœur, de notre âme ». Eh bien, c'est par là que je commencerai ma confession. Il ne fait aucun doute que lorsqu'on a besoin pour une raison ou une autre de confession, on cherche une issue, à qui l'on peut parler. Un frère doit tout dire à son frère, même s'il n'a pas raison en quelque chose ou qu'il se trompe quelque part : c'est cela, une véritable confession. Par le mot « fantômes », je comprends non seulement les spectres visibles ; non pas l'abstraction prise pour la vérité : « Quand l'homme se trouve dans une excitation excessive ». Ayant parcouru une si longue route dans ma vie, je me suis heurté constamment avec des forces réelles, non moins fantastiques que les fantômes. J'ai déjà dépensé malheureusement pas mal de forces dans ma lutte contre elles. C'étaient non des rêves chimériques mais des manifestations réelles presque de la vie quotidienne. Ces « fantômes » se montraient constamment comme des barrières réelles sur le chemin de l'enquête, non moins monstrueuse et dangereuse : « comme cela arrive lorsqu'il faut se frayer une route dans la jungle (je n'ai pas en vue mes dernières années de réclusion). Tout mon chemin de vie (charnel) et, surtout, mon chemin créateur a été jonché de ces « fantômes ». Il y avait des minutes de frémissements et de risques mortels qui faisaient se découvrir des crevasses béantes sur mon chemin. À commencer par le banc académique et le chevalet ; à partir des études faites à Kiev et sur les bords de la Volga, me baladant de monastères en monastères et d'églises en églises, je me suis heurté partout et toujours à des mystères insurmontables : il m'a toujours fallu et il me faut encore éliminer des forces monstrueuses pour comprendre et mettre sur pied mes rêves personnels, mon labeur, sur un chemin clair et réel, mon activité créatrice, mon enthousiasme personnel pour lequel les générations (comme tu peux le comprendre toi-même) nous jugeront. Comment, sous quelle forme et dans quelle mesure je pourrai défendre et justifier ma personnalité dans le domaine de l'art, indépendamment de tous les « ismes ». Dans le domaine constructiviste, il me semble que je t'ai déjà écrit : que si les matériaux ne doivent pas véritablement dominer dans une construction, il faut un nouveau système pour venir à bout des matériaux, quels qu'ils soient ; surtout les matériaux industriels et emboutis. Il est indispensable, outre la disposition des parties construites dans l'espace et avec l'aide de l'espace, il faut encore créer un système qui donne la possibilité aux réflections de la lumière et de l'ombre, mais également aux rayons du spectre de pénétrer, transperçant chaque forme séparément sans lui permettre de se figer.
Étant donné que ce système est résolu par toi grâce à des matériaux transparents (qui voient), il ne fait aucun doute que le système stéréométrique justifie beaucoup de choses et en résout

Lettre d'Antoine Pevsner à Naoum Gabo [1945]. Archives Tate Gallery, Londres

beaucoup : Mais aussitôt que tu touches à tous les autres matériaux (aveugles), surtout les matériaux industriels, tu te heurtes immédiatement à des obstacles infranchissables qui éloignent l'œuvre construite de son but véritable : du problème créateur. Je t'ai écrit, il me semble, que je travaille précisément sur ce problème et y ai travaillé pendant toutes ces années d'esclavage. Pour moi ce dilemme aussi - ce sont des « fantômes ». N'importe que ce chemin soit dangereux « dans les tournants », mais en tout cas ces expériences me donneront la possibilité de sortir du cercle vicieux, non seulement de la seule compréhension du monde stéréométrique lors de la réalisation d'une œuvre construite, mais de quelque perception philosophique que ce soit du système de l'Univers.
Tous tes soi-disant disciples et « amis » ont nettement montré où, dans quel abîme, peut être entraîné un ignorant qui est tombé dans les labyrinthes insurmontables du constructivisme. Voilà déjà 25 ans que tu défends sans relâche et en parole et en acte l'idée du constructivisme. Cette vérité ne veut pourtant pas dire que « tu te bats pour toi ». Et même s'il en était ainsi, je ne vois là aucun but égoïste ; malgré le fait que cela est ton droit et ta responsabilité. Mais dans les moyens employés pour ta défense il y a toujours, surtout dans tes derniers articles, dans *Circle* [1] et d'autres, que tu es seul et unique et permets sous le terme de « nous » à absolument n'importe qui de s'appeler constructiviste ; tu ne laisses aucun doute que l'idéologue et le combattant-fondateur de l'idée constructiviste, c'est toi et cette question ne peut plus induire personne dans l'erreur.
Voilà déjà 25 ans que tout le monde, absolument, parle en chœur du constructivisme. À commencer par les cubistes jusqu'à Mondrian, ils sont tous constructivistes : ils parlent de l'espace, du temps, du cinétisme. Dans cette légion ils entrent tous, du genre de Barbara Hepworth, Nicholson, Domela, Lissitzky, Calder, Tatline et cent autres ; ils considèrent bien qu'ils sont les fondateurs qui ont droit au constructivisme. Quelques-uns ici à Paris ont pris un *Brevet* de constructivisme, au moyen de toutes sortes de verres peints ou à l'état brut). Ils répandent dans la presse « qu'avec ces verres, ils peuvent faire n'importe quel tableau », *même Picasso*. Tu ne peux pas leur interdire ni de parler ni de faire tout ce qu'ils veulent et avec quelque matériau que ce soit. Pourquoi donc t'étonnes-tu ; que tous ils te coulent. Car ils n'ont pas pu ni saisir ni comprendre la destination véritable du « réalisme constructeur »
Tu m'as proposé à plusieurs reprises et insisté pour que je donne ma propre conception, mes propres pensées sur la peinture pour la presse ; je ne sais pas pourquoi précisément sur la peinture seulement.
J'ai plusieurs fois répété que je ne désire écrire ni sur la peinture ni sur le constructivisme : que l'un et l'autre domaines ne sont

pas encore clairs pour moi. Malgré le fait que j'ai pour l'un ou l'autre de ces domaines déjà dépensé presque toute ma vie. («Et non que je l'ai sacrifiée») Car voici déjà bientôt 25 ans qu'également je travaille dur aux problèmes de la construction, et jamais je n'ai prononcé une seule phrase, à l'exception des extraits du manifeste, et jamais «je ne parlais» sous mon nom, mais sous le nom de Gabo et de moi. Voilà pourquoi ce n'est pas toi, mais moi que l'on considère comme «coauteur du manifeste», et seulement; et c'est ce seul fait qui a donné à tous le droit de m'accoler partout où on le pouvait l'étiquette cubiste: il est plus difficile de couler deux personnes que chacun de nous séparément. Diaghilev aussi nous a coulés et s'est tout approprié lors de la mise en scène de *La Chatte*. Il a bien noté «qu'entre ces deux artistes il y avait quelque chose qui clochait». Tous nos envieux et les ennemis de cette école ont cherché à leur tour et ont utilisé mon silence et, d'un autre côté, tes articles permanents avec d'autres œuvres de nous; sans égard pour la conception analogue de l'idée: et tous – toute cette pléiade habituée à se copier mutuellement – ils n'ont pas pu digérer et nous pardonner notre indépendance dans la solution des problèmes du constructivisme, qui, maintenant, tient solidement sur ses jambes en tant que nouvelle idéologie, nouvelle compréhension du monde dans le domaine des arts plastiques. Et il tient solidement grâce à nous deux et en dépit de nos malentendus personnels; car «nous avons été très mauvais, maudits et cupides». Oui, c'est vrai, je sais ce que tu as donné au constructivisme; et tu sais parfaitement ce que j'ai apporté à cette école; et selon moi, dans ces questions tu te bats en vérité avec des «fantômes». Ce n'est pas seulement nous qui savons, le savent tous ceux qui ont compris et senti la logique et la grandeur de cette idée, ils ont compris ce domaine et c'est pourquoi ils l'ont suivie. Sont allés sur cette voie aussi ceux pour qui ce domaine était au-dessus de leurs forces: tombés dans cet effrayant labyrinthe, ils se sont broyés et ont péri, et en mourant ils nous ont détestés, chacun de nous séparément et tous les deux ensemble. Surtout le monde des commerçants – des marchands (de sang artistique). Car notre marchandise ne leur convient pas, elle ne ressemble pas à Picasso ni à personne de leurs stocks [sic] qui sont dans leurs coffres-forts. Ils se sont aussitôt précipités avec plaisir sur toute cette pléiade de nos imitateurs, ils se nourrissent de leurs faux – vendent, commencent à emplir les musées, alors que dans le même temps nous devons nous demander de l'aide l'un à l'autre. Mais je veux tout de même éclaircir un certain nombre de choses; plus exactement, m'interroger moi-même et t'interroger. Nous ne nous sommes pas séparés depuis presque l'enfance. On parlait des problèmes de l'art jour et nuit, n'étais-je pas fourré moi de mon côté dans ce feu de la connaissance du monde depuis presque l'adolescence. Quand je suis venu vous rejoindre en Norvège[2], je t'ai déjà trouvé un homme mûr, mais travaillant sur le chevalet à la peinture; ce qui m'a extrêmement étonné et amusé. Mais j'ai cessé de m'étonner et de rire dès que tu as touché à leur racine les problèmes de la création: la maquette de ta première construction (de la tête) n'était pas risible mais extrêmement importante. J'en connaissais la valeur, j'en connaissais le sens: les lois de la perspective inversée, les lois des profondeurs surtout spatiales, stéréométriques même, nous étaient connues à tous les deux plus qu'à n'importe qui d'autre parmi les artistes.

Malgré le fait que les idées spatiales vivaient déjà dans l'air. Personne en fait ne les avait comprises ainsi: tous, absolument tous, n'ont pas vu les choses jusqu'au bout et n'ont pas aperçu que ces problèmes de perspective avaient déjà occupé l'âme et la tête des primitifs. C'était de cela que s'occupaient les moines-peintres qui croyaient au miracle et travaillaient grâce au miracle et créaient des miracles, sans avoir conscience de la vérité, mais seulement ils sentaient cet espace dans leur subconscient, à l'inverse des lois établies ultérieurement de la perspective. Je ne me suis pas jeté (à corps perdu) dans la fosse de la compréhension du monde philosophique de l'espace, mais sans relâche j'ai continué à manifester cette idée dans mon domaine pictural, je n'ai pas jeté dans un fossé mon terrible fardeau, j'ai lutté avec ce problème jusqu'à mes dernières forces en espérant réellement renouveler les problèmes picturaux; ne pas les couler comme l'ont fait les cubistes, mais mes efforts restaient des mirages sur la surface plane – et ces lois et mes efforts ne donnaient rien, qu'une surface plane clouée, étendue. Plus je m'approchais du mirage des profondeurs et des effets inversés stéréométriques, plus ce mirage s'éloignait. Ensuite, je suis tombé provisoirement dans une autre fosse: notre révolution. J'ai pour la première fois connu la vie charnelle réelle en tombant amoureux pour de vrai de celle qui est aujourd'hui ma femme, Virginie. Tu sais comment par la suite j'ai commencé à développer mon domaine de recherche. Cette période a laissé dans mon âme pas mal d'amertume, même de larmes. Ce ne sont seulement que des frères qui pouvaient se permettre un tel plaisir dans les expressions de leurs passions; mais il m'a fallu entendre toujours des interdictions, des griefs. Car tu considérais comme ton droit de juger, de reconnaître, voire de nier tel ou tel de mes arguments. Peut-être était-ce ton droit, ta conviction; car, en un laps de temps très court, tu as progressé si loin que ni moi ni quiconque n'était en mesure de te rattraper. Mais ton erreur principale a consisté en ce que sur la route de ta course tu n'as vu personne alentour hormis moi seul: alors qu'autour de toi courait déjà toute une harde de loups guettant leur victime. Mais, il n'y a pas eu de victime et il ne pouvait y en avoir. Je montais la garde, connaissais tes points faibles et les gardais comme la prunelle de mes yeux. Je ne sais pas ce que j'aurais fait si je n'avais pas été ton frère et n'avais pas eu mes propres élans et passions. Je ne connais pas d'autres cas où deux (géants) de sang différent ne se seraient pas achevés mutuellement; ne se seraient pas coupé mutuellement la gorge. Une telle tragédie perpétuelle a existé et existe entre les artistes, depuis les siècles les plus reculés, des plus nuls aux plus géniaux (comme on a pu l'observer entre Léonard et Michel-Ange). Mais en nous coule un seul et unique sang maternel qui nous a soudés pour les siècles et aucune force ne pourra jamais nous désunir: c'est ce sang commun justement qui a fait naître le constructivisme. Cela, aucun de nous ne doit l'oublier; pour la purification de notre propre âme, à laquelle tu imputes des accusations si monstrueuses, il nous faudra commencer par là.
[…]

Notes
1. Il s'agit des deux articles de Gabo, «The Constructive in Art» et «Sculpture: Carving and Construction in Space», parus dans le recueil *Circle: International Survey of Art* (rééd. J.-L. Martin, Ben Nicholson, N. Gabo), London, Faber & Faber, 1937, p. 1-10 et 103-112. Le nom de Pevsner n'y apparaît pas.
2. En 1916.

catalogue des œuvres

Sculptures – Peintures – Dessins

Les notices ont été rédigées
par Pierre Brullé (P.B.),
Elisabeth Lebon (E.L.),
Doïna Lemny (D.L.)
La partie technique a été établie
par Florence Willer-Perrard

1 Maquette, 1923

Assemblage celluloïd
sur contreplaqué
8,8 x 5,2 x 1,5 cm
AM 4000 S

Historique
Don de Virginie Pevsner en 1962

Expositions
Paris, 1998-1999

Bibliographie
Rinuy, 1995, cit. p. 208, repr. p. 210 ;
Brullé, Lebon, 2001, n° 4

Une salle spéciale était réservée à Pevsner lorsque le Musée national d'art moderne occupait le palais de Tokyo. Au cours du déménagement des collections vers le Centre Georges Pompidou, Nicole Barbier, conservateur, trouva dans une vitrine où l'on montrait les outils de travail du sculpteur cette petite construction. Bien que faisant partie du don de Virginie Pevsner en 1962, l'œuvre n'avait pas alors retenu l'attention et avait échappé à l'inventaire. Le titre, *Maquette*, sans doute inspiré des petites dimensions de la pièce, lui fut à ce moment donné par défaut. Il s'agit pourtant de l'une de ces très rares œuvres conservées qui marquent un tournant capital pour l'artiste : le moment où, chez le peintre soviétique Pevsner, s'ébauche le futur sculpteur constructiviste français.

Maquette fut certainement réalisée avec un matériel de fortune en 1923 à Berlin. Tout juste réfugié à Paris quelques mois plus tard, Pevsner la présente lors de l'importante exposition que la galerie Percier lui consacre, avec Gabo, en 1924. C'est l'une des deux sculptures qu'il sélectionne alors pour figurer au catalogue. Elle n'est donc certainement pas une pièce mineure pour l'artiste lui-même, qui la conservera dans son atelier jusqu'à la fin de sa vie.

Le rapprochement s'impose, naturellement, avec le travail de Gabo, par exemple le *Square Relief* de 1920-1921 : il s'agit dans les deux cas de reliefs de celluloïd, où s'agence un vocabulaire de formes très épuré, particulièrement l'angle, la portion de cercle, et jusqu'à l'utilisation d'un arceau, aujourd'hui disparu dans l'œuvre de Pevsner, mais que l'on distingue nettement sur un cliché ancien (duquel il ressort également que plusieurs autres parties du relief de Pevsner ont été très endommagées). Un même écho figuratif lie les deux œuvres : torse délimité par la ligne oblique des épaules, et surmonté d'une forme arrondie évoquant un visage doucement penché sur le côté… L'image de l'icône, si chère au souvenir humain et artistique de Pevsner, plane d'évidence sur cet agencement.

Ce qui distingue cette *Maquette* de Pevsner du *Square Relief* de Gabo, c'est sans doute l'absence de jeux symétriques, ainsi que la multiplication, l'imbrication des facettes de celluloïd : le peintre Pevsner, plus que Gabo probablement, a ici encore en tête – bien qu'il l'ait fortement récusé dans le *Manifeste* de 1920 – le cubisme, qu'il a vu évoluer à Paris entre 1911 et 1913 et qui est déjà bien essoufflé en 1923. Mais c'est probablement par l'utilisation du celluloïd transparent et des effets de la diffraction lumineuse que Pevsner prétendait révolutionner à la fois l'art du peintre et celui du sculpteur. On ne peut malheureusement plus comprendre aujourd'hui, devant le plastique dégradé et jauni, opacifié, les intentions de l'artiste. En 1956, revenant sur ses débuts, il explique dans une interview : « Mes recherches sur certaines lois de la perspective, les effets de profondeur et la séparation des plans, m'amenèrent à des constructions édifiées à l'aide de surfaces transparentes en matière plastique[1]. »

Juste une dizaine de jours avant l'exposition de la galerie Percier, où Pevsner montre encore essentiellement son œuvre de peintre, il réalise une *Tête inclinée*, qui ravit Picasso. Avouant ouvertement son caractère figuratif, cette dernière « tête » nous laisse voir à quel point, en quelques essais, sur quelques mois, le peintre Pevsner s'est aisément glissé dans la peau du sculpteur.

E.L.

1. « Propos d'un sculpteur »,
interview par Rosamond Bernier,
L'Œil, n° 23, novembre 1956, p. 31.

A. Pevsner, *Tête inclinée*, 1923-1924 ?
Non localisé

2 Masque, 1923

Celluloïd et zinc
33 x 20 x 20 cm
Monogrammé « A. P. »
par incision sur la patte
verticale qui divise le menton
AM 1974-24

Historique
Coll. Christian Zervos
Fonds national d'art contemporain
Achat en vente publique en 1974

Expositions
Paris, 1956-1957 ; Paris, 1976a ; Paris,
1976b ; New York, Detroit, Dallas,
1984 ; Paris, 1986

Bibliographie
Paris, cat. 1956-1957, n° 16 ; Dorival,
1957, n° 1, repr. p. 45 ; Giedion-
Welcker, Peissi, 1961, n° 45, repr. ;
Dorival, 1965, cit. p. 42-43 ;
Ragon, 1965, repr. p. 18 ; Paris, cat. de
vente 1974, n° 183, repr. en couv. ;
Chantelou, 1974, cit. p. 13 ; Paris, cat.
1977, cit. p. 108, repr. p. 109 ;
Barcelone, cat. 1977, cit. p. 256, repr.
p. 257 ; Rowell, 1979, cit. p. 24, repr.
fig. 15, p. 25 ; Paris, cat. 1986a, n° 79,
cit. p. 235, repr. p. 72 ; Paris, cat.
1986b, cit. p. 468, repr. p. 467 ;
Lemoine, 1992, cit. p. 43, repr. p. 45 ;
Rinuy, 1995, cit. p. 204, repr. fig. 88,
p. 205 ; Dabrowski, 1995, cit. p. 148 ;
Lardera, 1997, cit. p. 196, 199 ;

1. « Manifeste technique de la sculpture
   futuriste », cité par Serge Faucherau
   dans *Forger l'espace*, Paris,
   Cercle d'art, 1998, p. 32.
2. Qui se trouve au Solomon R.
   Guggenheim Museum, New York.
3. Bernard Dorival, *Le Dessin dans
   l'œuvre d'Antoine Pevsner*, Paris,
   Prisme, 1965, p. 33.
4. Voir supra, p. 30.
5. Commandé à Pevsner par Katherine S.
   Dreier après le Salon des indépendants
   de 1926, où elle avait remarqué
   le *Torse* (1924) et la *Tête de femme*
   (1923).
6. Voir Brullé, Lebon, 2001, n° 9.
7. Notamment *Figure géométrique*, 1923,
   crayon sur papier ; *Tête de femme*,
   1923, bois et matière plastique.

Masque est une des deux œuvres de Pevsner achetées par le Mnam. Daté de 1923, il témoigne de l'évolution de l'artiste, qui passe à cette époque de la peinture à la création dans l'espace et mène des recherches où il mêle métal et plastique.

Umberto Boccioni avait proposé dès 1912 de diversifier les matériaux et d'utiliser « vingt matières différentes ou davantage, dans une seule œuvre, pourvu que l'émotion plastique l'exige[1] ». En 1915, Alexandre Archipenko compose son *Médrano II*[2] avec de l'étain peint, du verre, du bois, de la toile cirée, tandis que Pevsner et Gabo cherchent la transparence et marient le métal avec le verre ou le plastique. L'assemblage dont résultent *Têtes* ou *Torses* suppose un découpage analytique de la figure, lequel permet de mettre en évidence certaines parties grâce à la lumière.

« Désappointé[3] » par le cubisme depuis son premier voyage à Paris, Pevsner ne suit pas cette voie de décomposition des formes : au contraire, il construit, en assemblant des éléments géométriques abstraits, l'harmonie de l'ensemble étant obtenue grâce à des reflets lumineux et rythmés et à l'alternance de plans convexes et concaves.

Le *Masque* relève, selon la périodisation proposée par Jean-Claude Marcadé[4], de « l'abstraction figurative », qui regroupe les sculptures réalisées entre 1920 et 1927. Souvent cité, le *Portrait de Marcel Duchamp*[5] en est le plus proche par les matériaux utilisés (zinc et celluloïd), la composition du portrait, et même le système d'accrochage : il est fixé sur un panneau en bois, comme l'était le *Masque* (le contreplaqué sur lequel était montée la structure métallique à l'origine[6] a disparu). La combinaison du celluloïd et du zinc permet des effets d'ombre particuliers : presque toutes les plaques de celluloïd sont doublées d'une feuille de zinc de mêmes dimensions et de même forme, excepté pour le menton, où elle est courbée vers le bas. Les yeux entrouverts, suggérés par deux demi-cercles de zinc qui se rejoignent en formant un angle aigu, laissent sourdre la lumière.

Le *Masque*, qui s'inscrit dans une série de dessins et de sculptures formellement proches[7], fruit des recherches de Pevsner sur le portrait, est la seule œuvre à évoquer fortement l'art africain – connotation qui est un autre écho de cette période où Pevsner est confronté aux nouveaux courants, de par ses rencontres avec les autres artistes, et à l'influence du musée Guimet, considérable à l'époque. La géométrisation des figures et l'assemblage des matériaux seront une bonne base pour la conception des décors et des costumes du ballet *La Chatte*, d'Henri Sauguet, mis en scène par Diaghilev en 1927.

D.L.

A. Pevsner, *Masque (profil)*, 1923, celluloïd et zinc
Centre Pompidou, Musée national d'art moderne, Paris

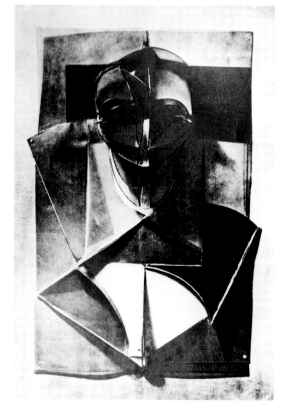

A. Pevsner, *Portrait de Marcel Duchamp*, 1926, celluloïd et zinc
Yale University Art Gallery, New Haven

3 Construction dans l'espace, 1933

Alliage cuivreux peint
et cristal de Baccarat
64 x 84 x 70 cm
Signé « A Pevsner »,
monogrammé et daté
« AP 23-25 » à droite
AM 1346 S

Historique
Don de Virginie Pevsner en 1962

Expositions
Paris, 1956-1957 ; Amsterdam, 1958
Paris, 1964 ; Paris, 1986 ; New York,
1998-1999

Bibliographie
Paris, cat. 1939, n° 18, repr. pl. II ;
Breuning, 1948, repr. p. 14 ; Ritchie,
1952, cit. p. 28, repr. p. 150 ; Paris, cat.
1956-1957, n° 18, repr. pl. II ; Dorival,
1957, repr. p. 45 ; Giedion-Welcker,
Peissi, 1961, n° 55 ; Guéguen, 1962,
repr. p. 4 ; Paris, cat. 1964, n° 1, cit.
p. 8, repr p. 9 ; Restany, 1964, cit. ;
Dorival, 1965, cit. p. 46, repr. p. 73 ;
Dorival, 1966, repr. pl. I ; Barilli, 1968,
repr. pl. XXXV ; Paris, cat. 1986a, n° 80,
cit. p. 235, repr. p. 73 ; Paris, cat.
1986b, cit. p. 468-469, repr. p. 468 ;
Barbier, 1995, cit. p. 240, repr. p. 238 ;
New York, cat. 1998, n° 134, cit. p. 679,
repr. p. 288 ; Las Palmas, Valence,
Calais, cat. 1998, repr. p. 458

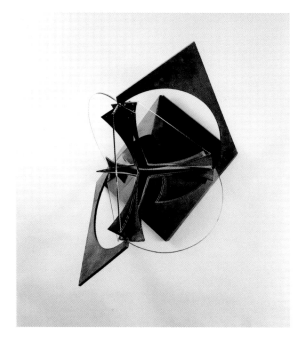

A. Pevsner, *Croix ancrée*, 1933-1934, cuivre, marbre, cristal
Fondation Peggy Guggenheim, Venise

Qui s'accorde une vision d'ensemble de l'œuvre de Pevsner saisit immédiatement la façon dont l'artiste, tout au long de sa vie, a progressé par paliers successifs. Même si son œuvre est constamment remplie d'échos, chaque « série » possède une forte identité et l'on saisit aisément le cheminement qui conduit de l'une à l'autre. À l'évidence, *Construction dans l'espace* fait partie d'un ensemble auquel Pevsner travaille à partir du début des années trente. Il s'attache à y traiter, en jouant de multiples symétries, du déploiement dans l'espace d'une croix centrale associée à des portions de cercle. Initié par la *Construction dans l'espace (Projet pour une fontaine[1])*, de 1930, cet ensemble se poursuit en 1931 par une *Projection dans l'espace[2]* (aujourd'hui au Baltimore Museum of Modern Art), puis par *Bas-Relief[3]* en 1932. On trouve dans ce dernier la première utilisation de cornières métalliques que Pevsner réemploiera dans sa *Construction dans l'espace*, et que l'on reverra une fois encore dans la *Croix ancrée[4]* de la collection Peggy Guggenheim (datée 1933-1934).

C'est également durant cette période, qui couvre les années 1930-1935, que Pevsner inclut à plusieurs reprises dans ses compositions, comme il le fait dans *Construction dans l'espace*, des parois de cristal et que, par ailleurs, le mot « espace » apparaît dans les titres de ses constructions. Enfin, lorsque Pevsner expose pour la première fois cette œuvre à la galerie René Drouin en 1947, elle est datée « 1933 ». C'est seulement lors de la grande exposition rétrospective qui lui est consacrée au Mnam en 1956 que Pevsner indique la date de 1923-1925, et c'est probablement à ce moment qu'à deux reprises, il la grave sur l'œuvre. Quelles qu'aient été les motivations de l'artiste, il paraît nécessaire et indiscutable de le démentir et de rétablir pour cette construction la date de 1933.

Construction dans l'espace est d'ailleurs une œuvre de maturité. On peut certes encore faire un rapprochement avec le travail de Gabo, et plus précisément avec *Construction in Space with Balance on Two Points* (1924-1925). Mais contrairement à l'œuvre de Gabo, rigoureusement architecturée, extrêmement stable, la construction de Pevsner, par la subtilité et la variété de ses renvois symétriques et de ses décalages, acquiert un équilibre dynamique très particulier. Chaque point de vue fait naître de nouveaux échos. Et l'on se prend à associer à l'infini telle portion de courbe cristalline à sa trace découpée comme en négatif dans une plaque métallique angulaire, plaque dont les pointes dressées renvoient elles-mêmes aux flèches-girouettes élancées vers d'imaginaires et multiples points cardinaux, flèches où le cercle apparaît à nouveau, tracé autour du vide, entre les branches étirées, ou encore en mandorle autour des losanges centraux. L'utilisation du verre, le balancement entre opacité et transparence, renforcent cette sensation de jeux de regards en abîme, de parcours labyrinthesques au cœur de formes d'une simplicité pourtant élémentaire. Le décalage du poids de la construction vers l'un de ses côtés apporte un élan supplémentaire : l'allongement du socle, surplombé par une composition parallélépipédique pentue, répond à l'intrusion dans l'espace des angles aigus des cornières et des barres, en laissant l'espace se ficher lui aussi en angle au pied de l'œuvre. Le spectateur, enfin, naturellement engagé à effectuer un déplacement, à parcourir son propre espace, devient le partenaire dynamique d'une œuvre qui se recrée constamment.

Pevsner développera encore cette thématique dans deux œuvres : *Croix ancrée* (1933-1934), et la *Construction pour un aéroport[5]* de Vienne (1934-1935). Puis, il abandonnera définitivement l'utilisation de parois planes (plaques de métal ou de verre) et le recours à la transparence, pour capter l'espace et la lumière autrement, en utilisant ses fameuses tiges soudées.

E.L.

1. *Construction dans l'espace (Projet pour une fontaine)* : voir Brullé, Lebon, n° 32 (Kunstmuseum, Bâle).
2. *Projection dans l'espace* : voir Brullé, Lebon, n° 33.
3. *Bas-Relief* : voir Brullé, Lebon, n° 3 (anciennement au Solomon R. Guggenheim Museum, New York, aujourd'hui non localisé).
4. *Croix ancrée* : voir Brullé, Lebon, n° 37.
5. *Construction pour un aéroport* : voir Brullé, Lebon, n° 38 (Museum Moderner Kunst Stiftung Ludwig, Vienne).

4 Maquette pour la construction Monde, 1946

Tiges de laiton brasées
et vernies
42 x 36 x 31 cm
AM 1347 S

Historique
Don de Virginie Pevsner en 1962

Expositions
Paris, 1956-1957 ; Paris, 1964 ;
Las Palmas, Valence, Calais, 1998-1999

Bibliographie
Bernier, 1956, repr. p. 30 ; Paris, cat.
1956-1957, nº 43, repr. pl. XV ; Lewis,
1958, repr. p. 47 ; Giedion-Welcker,
Peissi, 1961, nº 101 repr. ; Paris, cat.
1964, nº 2, cit. p. 10, repr. p. 11 ;
Dorival, 1965, repr. p. 78 ; Paris, cat.
1986b, cit. p. 469, repr. p. 468 ; Rinuy,
1995, cit. p. 206, repr. p. 209 fig. 92 ;
Barbier, 1995, cit. p. 240 ; Las Palmas,
Valence, Calais, cat. 1998, nº 128, repr.
p. 382

Monde, pièce unique signée et datée sur le support métallique, a été réalisée en 1947 : Pevsner a déjà acquis une grande expérience en tant que sculpteur. Fait exceptionnel – il n'était pas dans ses habitudes de réaliser des maquettes ou des dessins préparatoires pour ses sculptures –, elle a été précédée d'une maquette, conçue en 1946, et de trois dessins, attestés dans des catalogues de vente [1]. Les « constructions » n'ayant pas à répondre à des besoins utilitaires, elles ne nécessitaient pas de calculs géométriques. Pendant le processus de création, Pevsner se soumettait aux suggestions du matériau, sans entraver le mouvement naturel de la surface métallique. « Nul ne peut m'aider, expliquait-il, car il faut savoir exactement comment les divers métaux et matières premières réagissent lorsqu'ils sont chauffés. Je travaille avec le feu : les hasards du feu, les résistances diverses doivent entrer en ligne de compte [2]. » Par la démarche artistique, l'œuvre diffère d'une première version intitulée pourtant « *Maquette pour la construction Monde* ». Dans celle-ci, l'artiste a soudé à l'étain des fils de laiton, à l'intérieur de cinq lignes courbes qui se rejoignent dans un noyau. Reposant sur quatre courbes qui lui donnent par la symétrie une grande stabilité, la composition, issue du croisement des lignes, donne une impression de mouvement, de pulsation. La ressemblance formelle de cette maquette avec l'œuvre de 1947 semble être la seule raison justifiant son appellation, car Pevsner y adopte une méthode déjà utilisée dans des œuvres antérieures comme *Surface développable* (1936 et 1938), *Deux cônes dans un même plan* (1936), ou *Élan* (1938) : celle-ci consiste à souder des milliers de fils de métal pour former des surfaces qu'il laisse se développer tout en dirigeant leur mouvement. Bien qu'il suive la forme de la maquette, il réalise une autre œuvre, par l'enchevêtrement des surfaces et pas seulement des lignes qui s'entrecroisent, ce qui donne l'impression d'une imbrication continue. Cette illusion de continuité est enrichie aussi par le reflet inégal des surfaces striées obtenues par oxydation. Pevsner adapte à chaque œuvre une réaction chimique, dont le résultat est étudié et amélioré jusqu'à l'exploitation maximale des effets que peut produire cette surface colorée sous l'influence de la lumière. Si les sculpteurs qui réalisaient leurs œuvres en bronze suggéraient le mouvement des volumes par le polissage, Pevsner, qui n'utilise pas les volumes et les masses compactes, essaie d'obtenir ces effets par les surfaces courbes, qui créent des zones de lumière et d'ombre. L'espace entre les plans devient aussi élément de sculpture. Il traite chaque pièce différemment, recherchant pour chacune une brillance colorée spécifique. Il a souvent affirmé ne pas appliquer de peinture sur ses sculptures et travailler uniquement sur la patine obtenue par oxydation. Mais une analyse superficielle fait cependant apparaître qu'il a appliqué à plusieurs reprises un enduit, qui offre à l'œuvre une individualité chromatique. Par frottement ultérieur, cet enduit est réduit sur les fils métalliques, qui brillent, mais il reste dense dans les points de soudure de ces fils. La brillance, inégale,

Tiges de laiton brasées
et patinées
75 x 60 x 57 cm
Signé « Pevsner »
en bas à gauche,
daté en bas à droite « 1947 »
et monogrammé « A. P. »
sur une arête
AM 1422 S

Historique
Don de Virginie Pevsner en 1964

Expositions
Paris, 1947a ; New York, 1948 ; Paris,
1949a ; Zurich, 1949 ; Paris, 1956-
1957 ; Venise, 1958 ; Paris, 1964 ;
Moscou, Saint-Pétersbourg, 1989 ;
Paris, 1995 ; Toulouse, 1996 ; Las
Palmas, Valence, Calais, 1998-1999

Bibliographie
Descargues, Massat, 1947, repr. p. 8 ;
New York, cat. 1948, cit. p. 82, repr.
p. 80-81 ; Breuning, 1948, cit. p. 14 ;
Massat, 1950, repr. p. 362-363 ; Alvard,
Gindertael, 1952, repr. p. 216 ;
Sottsass, 1953, repr. p. 29 ; Giedion-
Welcker, 1955, cit. p. XXXI, repr.
p. 171 ; Massat, 1956a, repr. ; Bernier,
1956, cit. et repr. p. 30-31 ; Paris, cat.
1956-1957, n° 47, repr. pl. XIX ; Choay,
1957, cit. p. 29 ; Giedion-Welcker, 1958,
cit. p. 20, repr. p. 16 ; Giedion-Welcker,
Peissi, 1961, n° 102, cit. p. 9, repr.
p. 143 ; Paris, cat. 1964, n° 3, cit. p. 12,
repr. p. 13 ; Joly, 1964, repr. p. 50 ;
Dorival, 1965, repr. p. 79-83 ; Dorival,
1966, repr. en couv., n° XVII ; Licht,
1967, n° 249, repr. ; Barilli, 1968, repr.
pl. XXXVII ; Seuphor, 1972, t. 2, repr.
p. 184 ; Paris, cat. 1995, n° 333, repr.
p. 212 ; Massat, Guy, 1995, cit. p. 198-
199 ; Rinuy, 1995, cit. p. 206, 211 ;
Barbier, 1995, cit. p. 240, repr. p. 209,
fig. 93, et p. 239, fig. 112 et 113 ;
Lardera, 1997, cit. p. 390, 394, repr.
fig. 66 ; Las Palmas, Valence, Calais,
cat. 1998, n° 129, repr. p. 383

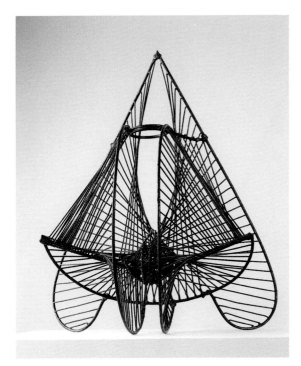

dépend de l'angle de vue et de la torsion des surfaces, mais aussi de la diversité de dimensions des fils.

Monde a vraisemblablement été traité avec un enduit beige rosé, qui confère à l'ensemble une lumière douce et chaude. Des accents verts sont obtenus grâce à la lumière, projetée en biais sur certaines parties de la surface qui se referment en creux. Malgré le brillant du métal, il émane de la composition une impression vivante, organique, due à la douceur des courbes et à la couleur de la patine. On peut penser que cette construction, constituée de surfaces qui, dans leur mouvement vers l'intérieur, se referment sur d'autres surfaces elles-mêmes refermées sur un noyau, possède des connotations sexuelles, plutôt que l'idée de maternité évoquée par le sculpteur lui-même[3]. Ses explications dévoilent le cheminement de sa réflexion, qui va du concret vers le symbolique et l'abstrait : « J'ai gardé l'idée essentielle d'une forme extérieure, enveloppant et protégeant la semence qu'elle abrite. » On découvre une nostalgie du non-dit, une réflexion sur la création de la vie, du monde. L'artiste développera par ailleurs cette recherche dans *Construction dans l'œuf* (1948, The Albright-Knox Art Gallery, Buffalo, États-Unis). Évoquant le commencement du monde par un ovale, comme Brancusi l'a fait dans plusieurs séries d'œuvres à partir des années vingt[4], Pevsner, selon les

principes de ses constructions abstraites, ne définit pas une figure géométrique : il la compose au fur et à mesure qu'il pénètre dans sa structure imaginaire. Son *Monde* à lui, loin d'être une sphère, recrée un ensemble ouvert dans l'espace, qui ne se disperse pas. Une sensation d'énergie intérieure réunissant dans le même noyau les forces de tension produit une gravitation, mise en valeur par le plateau circulaire en métal, recouvert d'une patine noire. Les fils des contours ne forment pas des lignes de séparation : ils servent, semble-t-il, à appuyer les surfaces striées. La brillance obtenue par le frottement de l'enduit permet au regard de continuer la surface dans l'espace.

Comme la plupart des constructions en métal de Pevsner, *Monde* dévoile, lorsqu'on le regarde sous plusieurs angles, de nouvelles perspectives et des formes différentes, qui donnent l'impression d'une autre œuvre. Glissant sur les rainures polies, la lumière se perd dans des zones d'ombre d'une profondeur infinie. C'est ce travail de traitement du métal qui fait la différence – voulue, et d'ailleurs reconnue par l'artiste – entre l'œuvre et sa maquette : « Quand [après avoir fait la maquette] je me suis mis à travailler la sculpture elle-même, les figures ont subi des modifications considérables[5]. »

D.L.

1. Chez Ader, Tajan, le 11 avril 1994 (un dessin) ; chez Loudmer, le 17 mai 1995 (deux dessins). Voir Brullé, Lebon, n° 58b.
2. « Propos d'un sculpteur », interview par Rosamond Bernier, *L'Œil*, n° 23, novembre 1956, p. 34.
3. *Ibid.*
4. *Tête d'enfant* (1914), *La Muse endormie* (1909), *Le Nouveau-Né* (1915), *Le Commencement du monde* (1924).
5. « Propos d'un sculpteur », *op. cit.* p 34

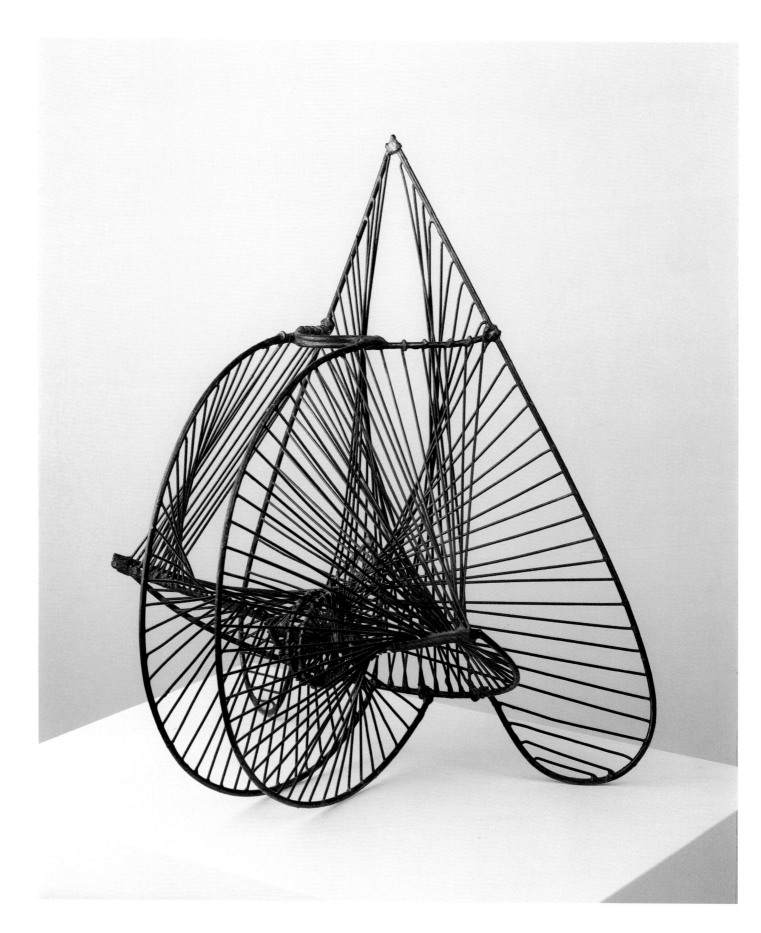

6 Construction dynamique, 1947

Haut-relief
Laiton brasé sur Isorel,
peints en noir
95 x 87 x 38 cm
Monogrammé « A./P. »
et daté « 47 » en bas à
gauche sur le support
AM 1348 S

Historique
Don de Virginie Pevsner en 1962

Expositions
Paris, 1947a ; New York, 1948 ; Paris,
1949a ; Zurich, 1949 ; Yverdon, 1954 ;
Zurich, 1955 ; Paris, 1956-1957 ;
Venise, 1958 ; Paris, 1964

Bibliographie
Paris, cat. 1947, repr. n. p. ; New York,
cat. 1948, cit. p. 82, repr. p. 77 ;
Massat, 1950, repr. p. 364 ; Seuphor,
1950, repr. p. 50 ; Alvard, Gindertael,
1952, repr. p. 219 ; Massat, 1954, cit.
p. 5 ; Massat, 1956a, cit. p. 19, repr.
pl. n. p. ; Brion, 1956, cit. p. 166 ; Paris,
cat. 1956-1957, n° 46, repr. pl. XVIII ;
Giedion-Welcker, Peissi, 1961, n° 103,
repr. n. p. ; Paris, cat. 1964, n° 4, cit. p. 14,
repr. p. 15 ; Dorival, 1965, repr. pl. 77 ;
Dorival, 1966, repr. pl. IX ; Seuphor,
1972, t. 2, n° 118, repr. p. 78 ; Bowlt,
1995, cit. p. 54 ; Lardera, 1997, cit.
p. 395, 397, repr. fig. 67

1. *Antoine Pevsner et le constructivisme*,
   Paris, Caractères, 1956, p. 19.
2. *Fresque pour une cathédrale*
   (1934-1944), *Fresque en ovale* (1945).
3. *Constructions* (1935), *Faune de l'océan*
   (1944).
4. Voir dans Brullé, Lebon, n° 59, le renvoi
   aux archives de la fonderie Susse,
   qui conserve une photographie annotée
   « pièce unique » au verso.

Dans son étude sur le constructivisme d'Antoine Pevsner[1], René Massat accordait une place importante à l'alliance des deux termes «construction […], volonté réfléchie, souveraine, qui organise la matière», et «dynamique […], élan incoercible, libération des formes profondes de l'être». Cette œuvre se situe sans doute au croisement des constructions «multifaciales» et des créations destinées à être accrochées sur des cimaises et à être regardées frontalement. La démarche a été poursuivie par Pevsner dans le prolongement de sa peinture. Dans les *Bas-Reliefs*, créés à partir de 1924, puis les *Fresques*[2], l'artiste réunit sur une surface plane des volumes et des fragments de figures géométriques, réalisant une composition dont la règle de base, à de rares exceptions près[3], est la symétrie. Cylindres tronqués, parallélépipèdes courbés, cônes et demi-sphères, concentrés au milieu de la composition, sont allongés vers les bords afin de rejoindre le support en Isorel.

Création unique[4] par rapport aux autres œuvres de la période, *Construction dynamique* reflète un état d'esprit différent, l'artiste se libérant des formes géométriques et se laissant entraîner, comme dans un vertige, par le développement naturel de la surface. Le tracé continu dissimule les parties angulaires, imprimant à la construction une dynamique constante. Irréguliers, les vides et les pleins se créent continuellement sous la lumière, qui suit les rainures métalliques. Cette œuvre est une démonstration de virtuosité : le bronze oxydé noir lui confère une sobriété mystérieuse, qui n'occulte pas l'impression de poésie et de musicalité.

D.L.

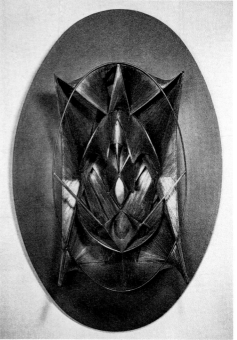

A. Pesvner, *Fresque en ovale*, 1945, cuivre oxydé
Stedelijk Museum, Amsterdam

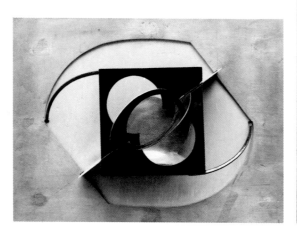

A. Pevsner, *Bas-Relief*, 1926
Wadsworth Atheneum Hartford

7 Germe, 1949

Laiton brasé et cuivré
par électrolyse
58 x 83 x 45 cm
AM 1349 S

Historique
Don de Virginie Pevsner en 1962

Expositions
Paris, 1956-1957 ; Venise, 1958 ;
Paris, 1964

Bibliographie
Massat, 1950, repr. p. 349 ; Alvard,
Gindertael, 1952, repr. p. 217 et 212 ;
Pevsner, 1952, repr. p. 79 ; Guéguen,
1954, cit. p. 9 ; Massat, 1956a, cit.
p. 28, repr. ; Paris, cat. 1956-1957,
n° 48, repr. pl XX ; Choay, 1957, cit.
p. 29 ; Rivier, 1957, cit., n. p. ; Selz,
1957, cit. p. 424 ; Giedion-Welcker,
1958, cit. et repr. p. 19 ; Seuphor, 1959,
cit. p. 71, repr. p. 68 ; Giedion-Welcker,
Peissi, 1961, cit. p. 9, repr. fig. 106 ;
Paris, cat. 1964, n° 5, cit. p. 16, repr.
p. 17 ; Dorival, 1965, repr. p. 85 ;
Dorival, 1966, repr. pl. XI ; Hamilton,
1967, cit. p. 233 ; Hammacher, 1969,
repr. ; Massat, 1995, cit. p. 169 ;
Barbier, 1995, cit. p. 240, repr. p. 238,
fig. 113 ; Lardera, 1997, cit. p. 413,
415, repr. fig. 20

Antoine Pevsner avec *Germe*, 1953
Archives Pevsner, AAAP

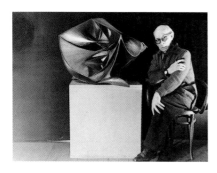

Ouvert comme un sexe offert, étiré comme un cœur découpé par le scalpel de l'anatomiste, encore palpitant grâce aux jeux mouvants des puits d'ombre et des brillances chatoyantes du cuivre, *Germe* se présente au spectateur comme un organisme aussi complexe et complet que la vie elle-même. Une corolle dédoublée se déploie, comme une cape un instant ouverte sur le mystère. Uniquement générée par des lignes, l'œuvre, tout en courbures, n'offre comme surface plane que celle du plateau en demi-cercle de sa base. Le déroulement pulpeux des surfaces prend naissance dans la tension centrale en croix de fins faisceaux étirés comme des tendons. Les cavités aspirent la lumière, et semblent la rejeter sur les ventricules. La ligne de fond définie par la jonction des centaines de filaments se tend, à la fois nette et imprécise comme une cicatrice.

La partie inférieure, la plus importante, est un berceau qui évoque tout à la fois la gestation et le doux rythme du balancement des bras maternels. Niché à l'intérieur de ce large cocon protecteur et mouvant, la forme d'un petit cœur défini en creux et doublé par son reflet inversé joue de ses pointes opposées. L'une, dirigée vers le bas, rejoint une proue légèrement ourlée qui, tout en définissant l'axe stable, s'ouvre vers le spectateur en un généreux « geste » d'offrande. L'autre, élancée vers le haut, se répercute dans une flèche qui s'ins-

crit dans un plus vaste triangle, qu'elle semble prête à percer. Cette flèche elle-même, élancée comme une arcade gothique, apporte une note de solennité quasi-religieuse. Tendue sur ses deux pieds étirés, elle trouve son écho deux fois dédoublé dans l'agencement des tiges qui dessinent les deux petits cœurs évidés.

Développée autour d'un axe de symétrie vertical, l'œuvre s'offre d'abord au spectateur dans toute sa gémellité, aussi simplement qu'un livre ouvert. Le premier regard n'est pas dérouté, grâce à l'extrême simplicité du vocabulaire plastique : ellipse plus ou moins arrondie et triangle. Ainsi accueilli, le spectateur se laisse d'abord assaillir par des émotions se rapportant aux notions de centre, d'énergie, de croissance, de lumière, qu'il élargit spontanément à la naissance et à la vie.

Cherchant à découvrir le centre de cette énergie rayonnante, il pourra s'apercevoir que celui-ci est impossible à localiser précisément et qu'il se déplace le long de l'axe vertical. Naissance, expansion, poussée vitale, mystère de la lumière avalée par les courbes... Dépassant l'antagonisme entre le figuratif et l'abstrait, Pevsner sait créer, dans l'univers de l'art, « quelque chose » qui, au sens baudelairien, entre en correspondance avec l'univers des hommes.
E.L.

8 Projection dynamique au 30e degré, 1950-1951

Laiton brasé à l'étain
100 x 185 x 100 cm
Monogrammé et daté
« AP/1950-51 » en bas à gauche
et daté « 50-51 » en bas à droite
AM 1021 S

Historique
Don d'Antoine et Virginie Pevsner
en 1956

Expositions
Paris, Londres, 1952 ; Milan, 1954 ;
Paris, 1956-1957 ; Anvers, 1957 ;
Bruxelles, 1958 ; Charleroi, Tournai,
Luxembourg, 1959-1960 ; Tokyo, Kyoto,
1961-1962 ; Venise, 1964 ; Paris, 1964

Bibliographie
Alvard, Gindertael, 1952, repr. p. 221 ;
Pevsner 1952, repr. p. 80 ; Seuphor,
1954, repr. p. 30 ; Paris, cat. 1956-
1957, n° 49, repr. pl. XXII et XXIII ;
Cartier, 1956, repr. ; Giedion-Welcker,
Peissi, 1961, n° 107, 2 repr. ; Paris, cat.
1964, n° 6, cit. p. 18, repr. p. 19 ;
Michel, 1964, cit. ; Dorival, 1965, repr.
p. 89-90 ; Dorival, 1966, repr. pl. XII ;
Hamilton, 1967, cit. p. 232, repr.
p. 138 ; Huyghe, 1970, cit. p. 222 ;
Paris, cat. 1986b, cit. et repr. p. 469 ;
Barbier, 1995, cit. p. 237, repr. p. 238 ;
Misler, 1995, cit. p. 33, repr. n° 18,
p. 28 ; Lardera, 1997, cit. p. 416, 417,
repr. fig. 71

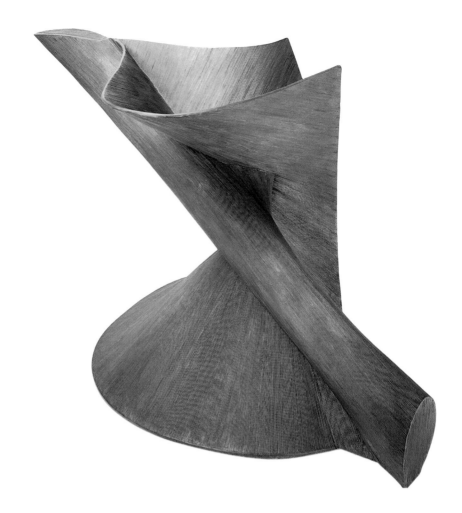

1. « Propos d'un sculpteur », interview
par Rosamond Bernier, *L'Œil*, n° 23,
novembre 1956.
2. Entretien de Virginie Pevsner avec
Adam Teper du 20 octobre 1978,
tapuscrit, archives Glimet.
Voir Brullé, Lebon, n° 63.
3. Denis Chalard, qui a restauré l'œuvre
en mai-juin 1997.
4. Les roulettes, visibles dans les
illustrations de Peissi (cat. n° 107),
n'existent plus. Dans le dossier
de restauration du 10 juin 1997,
Denis Chalard ne les signale pas
non plus.
5. *XXe Siècle*, n° 12, mai-juin 1959, p. 13.
6. Voir Brullé, Lebon, n° 63.

Pevsner réunit dans cette œuvre singulière appartenant à la série des surfaces développables tout son savoir technique, scientifique et artistique afin de lui imprimer du dynamisme. Il a ainsi recours aux théories d'Henri Poincaré sur les surfaces développables, appuyées par des formules mathématiques, dans lesquelles il trouve une solution à un problème plastique essentiel pour lui – comment rendre légère et mobile la surface plane ? : « J'ai passé un siècle à apprendre comment on anéantit la surface plane[1]. » Un groupe d'étudiants en physique qui mènera plus tard une étude sur l'œuvre sera d'ailleurs persuadé qu'elle est basée sur des calculs mathématiques[2].

Projection dynamique rappelle deux œuvres antérieures : *Élan* (1938), et *Colonne développable* (1942). Elle témoigne d'une grande virtuosité et d'une maîtrise parfaite du mouvement des surfaces. Son développement autour d'un axe vertical, qui aboutit à un angle d'environ trente degrés avec l'horizontale, accentue la sensation de mouvement due à l'ouverture des surfaces vers le haut. Constituées « d'une multitude de tiges de laiton brasé à l'étain », les surfaces sont « peintes en doré » – selon le constat du restaurateur[3] – sans doute pour recouvrir les taches dues à la soudure. L'artiste a laissé apparents les fils métalliques à l'extérieur, alors que sur la partie intérieure du bas, présentant une surface lisse, il a soudé des tiges rayonnant en éventail, donnant l'impression d'une superposition de deux surfaces : l'une, extérieure, très striée et mouvementée ; l'autre, intérieure, écho apaisé de ce mouvement. L'œuvre semble prendre son envol, se détacher du socle et devenir légère, impression accentuée par le support circulaire pourvu de roulettes[4] posé à sa base pour la faire tourner : la tension qui en émane suggère l'idée de propulsion dans l'espace. Elle attire en outre les faisceaux lumineux, qui soulignent la direction de la rotation. « Il faut que la construction spatiale capte, pour ainsi dire, les forces lumineuses du spectre, et les dirige, dompte dans le

bon sens les énergies naturelles de la lumière en les pliant
aux besoins de la construction spatiale [5]. » C'est peut-être à
cette conception que renvoie l'énigmatique second titre de
l'œuvre, *Prophète*, lequel n'apparaît qu'une fois, dans une
lettre au fondeur Susse.

Pour Pevsner, il était primordial de trouver le matériau le
mieux adapté à une sculpture de grandes dimensions
installée en plein air. Distinguée à la Xᵉ Triennale de Milan,
en 1954, *Projection dynamique au 30ᵉ degré* fut en effet
choisie parmi les projets de nombreux artistes – dont
Léger, Arp, Laurens, Bloc, Vasarely – par Carlos Villanueva,
l'architecte de la Cité universitaire de Caracas. Fondue par
Susse à la fin de 1953, elle y fut installée en février 1954.
Deux autres fontes seront réalisées, avec l'accord de
l'artiste [6]. Les dimensions en sont différentes, celle de
Caracas étant la plus grande (250 x 22 cm).
D.L.

9 Colonne
de la Paix, 1954

Tiges de laiton brasé à l'étain
135 x 90 x 50 cm
Monogrammé et daté « AP / 54 »
à droite sur la base

Historique
Don de Virginie Pevsner en 1962
AM 1350 S

Expositions
Paris, 1956-1957 ; Bruxelles, 1958 ;
Tokyo, Kyoto, 1961-1962 ; Paris, 1964 ;
Barcelone, Vienne, 1995 ; Luxembourg,
1998-1999

Bibliographie
Massat, 1956a, repr. 2 pl. ; Delloye,
1956, repr. p. 9 ; Zervos, 1956-1957,
repr. p. 338 ; Paris, cat. 1956-1957,
n° 52, repr. pl. XXIV-XXV ; Rivier, 1957,
cit. n. p. ; Giedion-Welcker, 1958, cat.
n° 33, repr. p. 21 ; Lewis, 1958, repr.
p. 47 ; Seuphor, 1959, cit. p. 70, repr.
p. 69 ; Giedion-Welcker, 1960, cit. et
repr. p. 192-193 ; Giedion-Welcker,
Peissi, 1961, n° 112, cit. p. 9, repr. ;
Paris, cat. 1964, n° 7, cit. p. 20, repr.
p. 21 ; Boullier, 1964, repr. ; Dorival,
1965, repr. p. 87 ; Seuphor, 1965, repr.
p. 161 ; Dorival, 1966, repr. pl. XIII ;
Barilli, 1968, repr. pl. VI, p. 24 ;
Hammacher, 1969, n° 205, repr. p. 187 ;
Seuphor, 1972, n° 91, repr. p. 185 ;
Massat, 1995, cit. p. 194,198, repr.
p. 197 ; Barbier, 1995, cit. p. 240, repr.
p. 238 ; Lardera, 1997, cit. p. 428, 430,
repr. fig. 74 ; Causey, 1998, cit. p. 46,
repr. fig. 19 p. 45 ; Luxembourg, cat.
1998-1999, cit. p. 298, repr. p. 207

Pevsner utilise le mot « colonne », après guerre, dans le titre de quatre de ses œuvres : d'abord la *Colonne développable*, puis la *Colonne développable de la Victoire*[1], la *Colonne jumelée*, et, enfin, cette dernière *Colonne de la Paix*, en 1954. Elles appartiennent toutes au cycle des œuvres faites de tiges soudées et correspondent au plein épanouissement des ambitions pevsnériennes, lorsque l'artiste entend dépasser les modestes « constructions » pour atteindre à des dimensions expansées. On peut souligner que, contrairement à Gabo, il n'utilisa jamais le mot « tour », et que ses œuvres, même si elles jouent toujours avec l'imbrication de surfaces et de vides, n'ont guère de rapports formels avec l'architecture.

Le terme de « colonne » porte en lui-même une richesse sémantique qui remonte aux origines de la civilisation. Pevsner associe donc ici la colonne, lien entre la terre et le ciel, axe dressé qui génère l'espace, module répétable à l'infini, fût où circule la sève[2], à l'idée de la paix, que l'Occident vient d'arracher aux forces destructrices du totalitarisme nazi.

La transformation de la perception visuelle de l'œuvre au fur et à mesure que le spectateur se déplace, capitale dans le travail de Pevsner, atteint ici une ampleur admirable. D'un côté, l'œuvre se déploie et laisse apparaître la simplicité de sa structure symétrique. De part et d'autre d'un axe vertical se dressent en miroir deux piliers dont les milliers de tiges, qui forment aussi bien l'intérieur que l'extérieur des surfaces, prennent naissance dans un nœud central décalé vers le bas. Ce double pilier est littéralement embrassé par un autre jeu de fûts aux obliques inversées, qui se resserrent à la base, s'ouvrent en losange et viennent se croiser légèrement au-dessus du premier nœud central, pour pointer leurs extrémités effilées dans des directions opposées. L'œuvre, comme une paume ouverte, se dilate en rayonnant.

L'ensemble est unifié par une forte sensation de symétrie. Mais il ne s'agit nullement ici d'une symétrie plate et statique, qui ordonne en appauvrissant. Celui qui cherche à la définir s'aperçoit qu'elle est multiple : elle ne peut se cantonner à un simple axe vertical, ni même à un point, mais circule entre divers points le long de cet axe, conférant ainsi à cet aspect ouvert de l'œuvre un étonnant et joyeux dynamisme. La symétrie vécue comme une sensation dynamique devient source de vitalité.

Puis, tournant de quelques pas, on se trouve devant une œuvre totalement différente. Resserrée, dense, elle n'est plus qu'imbrication cristalline. C'est le « revers » de la main offerte, du geste généreux : le regroupement des forces, la concentration des énergies. Les fûts retrouvent leur épaisseur, se pressent les uns contre les autres sans qu'on puisse distinguer avec précision la façon dont ils s'entre-croisent. La sensation de symétrie laisse place à celle de resserrement. L'importance des structures cristallines dans la naissance du vocabulaire constructiviste a souvent été soulignée. Pureté, complexité, géométrisation, beauté, diffraction de la lumière dans la transparence, autant de

thèmes qui ne laissèrent pas indifférents les artistes russes impliqués, au début du siècle, à la fois dans l'avant-garde artistique internationale et dans le profond bouleversement politique auquel ils adhéraient. Pevsner reprend ici ces accents pour exalter la paix.

La *Colonne de la Paix*, dilatée puis étrécie, déployée puis densifiée, semble soumise à une pulsation : elle s'anime d'une véritable respiration[3] au gré du déplacement du spectateur. Tantôt opaque et drue, tantôt aérienne et lumineuse, cette « colonne » concilie la stabilité et l'énergie, la solidité et l'ouverture. Pevsner parvient magnifiquement, avec ces formes développées dans l'espace, totalement étrangères à tout symbolisme bavard, à signifier par le langage de l'art tout ce que peut évoquer le terme de « paix ».

Brancusi et Pevsner œuvrèrent avec des origines et un tempérament voisins sur des problématiques très similaires, et le thème commun de la « colonne » permet un rapprochement intéressant. La *Colonne sans fin* de Brancusi accumule dans une répétition infinie un volume plein aux contours stricts. La *Colonne de la Paix* de Pevsner, tout en se servant elle aussi de modules et de symétries, est à la fois plus ramassée, et plus ouverte. L'espace est pénétré par l'un, accaparé par l'autre. Tandis que la colonne de Brancusi prétend atteindre à l'infini en projetant un motif sans cesse répété, celle de Pevsner laisse fuser d'un noyau palpitant des vecteurs d'énergie qui s'élancent vers un ailleurs à la fois aussi évident et aussi mystérieux que l'avenir.
E.L.

1. Voir infra, p. 56.
2. Au sujet des interprétations symboliques de la colonne reliées à l'œuvre de Pevsner, voir Guy Massat, « Pevsner et le vide comme puissance et jouissance créatrices », in Jean-Claude Marcadé (dir.), *Colloque... Paris*, Art Édition, 1995, p. 196-197.
3. Pevsner, évoquant le choc qu'il ressentit devant une icône où la perspective inversée lui faisait voir des formes tantôt ouvertes, tantôt fermées, déclarait en 1956 à Rosamond Bernier que cela allait devenir un « aspect essentiel » de son œuvre.

10 Maquette de la Colonne développable de la Victoire, ou L'Envol de l'oiseau, 1955

Bronze, ciment et plâtre
370 x 272 x 177 cm
AM 1022 S

Historique
Don d'Antoine et Virginie Pevsner
en 1956

Expositions
Paris, 1956-1957 ; Paris, 1964 ;
Venise, 1958

Bibliographie
Paris, cat. 1956-1957, n° 53 ;
Giedion-Welcker, Peissi, 1961, n° 113,
cit. p. 151 ; Paris, cat. 1964, n° 8, cit.
p. 22, repr. p. 23 ; Barbier, 1995, cit.
p. 237

1. Acquise en 1959 par la Kunsthaus
de Zurich.
2. Aucune trace de ces opérations n'a été
conservée, mais on sait que Pevsner
procéda ainsi à la fin de sa vie
pour la seconde et ultime traduction
monumentale qui lui fut demandée
(*Construction spatiale aux 3e et 4e
dimensions*).
3. *Projection dynamique au 30e degré*,
1950-1951 : Brullé, Lebon n° 63.
Il s'agit de la première œuvre
de Pevsner qui devint un monument,
en 1954 également (sans que
les proportions de l'original aient été
changées).

En 1954, l'architecte Eero Saarinen, chargé d'édifier le nouveau siège de l'Institut de recherches scientifiques de la General Motors à Detroit (Michigan), commande à Pevsner une version monumentale d'une œuvre créée à la Libération, en 1946, et connue tout d'abord sous le titre *Victoire 1946*[1]. D'aucuns pourront gloser sur la judicieuse «récupération» d'un constructiviste russe ex-soviétique par l'un des emblèmes de l'industrie capitaliste américaine, et sur le choix non moins judicieux de l'œuvre retenue. Toujours est-il que, lorsque le monument est achevé, il prend un titre plus dégagé des contingences historiques, pour devenir *L'Envol de l'oiseau*.

Pour la première fois, l'artiste est confronté au problème de l'agrandissement d'une œuvre. Il réalise lui-même, de bout en bout, la maquette monumentale qui doit servir de modèle au fondeur. Les proportions sont à peu près identiques à celles de l'original, si ce n'est la profondeur plus ramassée, pour donner plus de légèreté et d'élan. Le sculpteur dresse d'abord un squelette métallique sur lequel il soude les tiges qui rainureront les surfaces. Puis il enduit les vides d'un épais mélange plâtreux, lisse enfin ses surfaces et fait ressortir les tiges[2]. La fonte, réalisée par Susse en 1956, se révéla une prouesse technique mémorable et périlleuse. Lorsqu'en 1957 la firme Philips commandera pour son siège d'Eindhoven, aux Pays-Bas, une seconde épreuve, la fonte échouera, faisant avorter le projet.

Bien qu'il s'agisse donc d'un modèle de fonderie, cette maquette fut pourtant considérée à deux reprises par Pevsner comme une œuvre suffisamment achevée pour être exposée : il la montra au Mnam, à Paris, en 1956, dans l'importante rétrospective qui lui fut consacrée (c'est d'ailleurs à cette occasion qu'il en fit don à l'État, avec l'original de *Projection dynamique au 30e degré*[3]) ; et il accepta également le principe d'en exposer une réplique dans le pavillon Philips à l'Exposition internationale de Bruxelles en 1958 (projet dont on ne sait s'il aboutit).

Dès l'original de la *Colonne développable de la Victoire*, Pevsner ajoute à la vibration issue du côtoiement des tiges une rythmique plus soutenue, en intercalant à intervalles réguliers des tiges de section plus importante. Ayant probablement conçu cette œuvre, dès l'origine, dans une optique monumentale, il n'ignore pas que le seul effet des tiges soudées, subtil et délicat, ne résiste ni à l'agrandissement, ni à la fonte (il avait été critiqué à ce sujet pour les fontes de *Projection dynamique au 30e degré*). La cadence des arêtes répétées évite cet écueil dans le cas de la *Colonne*.

L'apparente simplicité de la construction, qui déploie deux éléments verticaux autour d'un axe de symétrie central et vertical, s'accommode élégamment de cette simplification. La beauté de l'œuvre tient assurément à la légèreté inouïe avec laquelle ces formes monumentales se déploient. Le socle évidé rappelle des haut-parleurs tête-bêche et évoque des sons impalpables, l'écho d'une foule en liesse. Très aminci, comme fragilisé en son centre, il contribue à donner de ce qui le surmonte cette impression d'impondérabilité. Le pincement des ailes vers leur extrémité, évoquant le pliage d'une feuille de papier, renforce encore ce sentiment. Mais l'œuvre trouve aussi d'autres ressources pour émerveiller le spectateur : aspiré par un rayonnement hélicoïdal, celui-ci voit se dessiner sur deux pieds bien fichés au sol le «V» de la victoire, lequel s'élargit ou se rétrécit à volonté selon qu'on se déplace un peu d'un côté ou de l'autre, aussi varié et mouvant que les multiples mains tendues qui scandaient la joie des vainqueurs. Encore quelques pas, et un symbole chasse l'autre : ce sont alors deux ailes qui s'entrecroisent avec la grâce et l'élégance frémissante d'une colombe prête à l'envol.

E.L.

Virginie et Antoine Pevsner
à la fonderie Susse devant
la *Colonne de la Victoire*, 1956
Archives Pevsner, AAAP

11 Monument symbolisant la libération de l'esprit, 1955-1956

ou Monument pour le prisonnier politique inconnu

Bronze, laiton brasé
et résine synthétique
132 x 140 x 90 cm
Monogrammé « AP »
en bas à gauche
AM 1351 S

Historique
Don de Virginie Pevsner en 1962

Expositions
Paris, 1956-1957 ; Venise, 1958 ;
Paris, 1964

Bibliographie
Romero Brest, 1953, cit. p. 6, repr. de
la maquette p. 7 ; Giedion-Welcker,
1955, cit. p. 216 ; Massat, 1956a, cit.
p. 21, 25, repr. ; Zervos, 1956-1957,
repr. p. 335 ; Massat, 1956b, repr.
p. 33 ; Bernier, 1956, cit. p. 34, repr.
p. 35 ; Paris, cat. 1956-1957, n° 54,
repr. pl. XXVI ; Barotte, 1956, cit. n. p. ;
Rivier, 1957, cit. ; Selz, 1957, cit.
p. 425-426 ; Giedion-Welcker, Peissi,
1961, n° 114, repr. (de la maquette
n° 108, de l'artiste avec la maquette
p. 4 et 143) ; Paris, cat. 1964, n° 9, cit.
p. 24, 58-59, repr. p. 25 ; Gindertael,
1964, cit. et repr. ; Anonyme,
Les Nouvelles littéraires, 1964, cit.
et repr. ; Reich, 1964, repr. ; Ennech,
1964, repr. ; Dorival, 1965, repr. p. 92 ;
Seuphor, 1965, repr. p. 161 ;
Ragon, 1965, repr. p. 28 ; Seuphor,
1972, t. 2, repr. p. 184 ; Galy-Carles,
1972, cit. p. 28 ; Ménier,
1995, cit. p. 79 ; Barbier, 1995, cit.
p. 240, repr. p. 239 ; Lardera, 1997, cit.
p. 440, 443, repr. fig. 76

1. Selon un entretien de Virginie Pevsner
avec Adam Teper du 20 octobre 1978,
tapuscrit, arch. Glimet. Voir Brullé,
Lebon, n° 65b. Il souhaitait que
le monument soit réalisé avec
une hauteur de 50 m ; selon la même
source, il aurait accepté l'offre d'une
université américaine qui lui proposait
de réaliser le monument dans d'autres
proportions (12 m). Mais, faute
de moyens financiers, l'œuvre
est restée à l'état de maquette
(Tate Gallery), puis de « modèle »
agrandi (Mnam).
2. Dossier d'œuvre, documentation
du Mnam, 3 feuillets dactylographiés.
3. Voir Ronald Alley, *Catalogue of the Tate
Gallery's Collection of Modern Art
Other than British Artists*, Londres,
1981, n° 6162, et Brullé, Lebon, n° 65b.
4. Voir Brullé, Lebon, n° 65b.
5. Virginie Pevsner mentionne dans
une note manuscrite du 11 janvier 1978
« un cœur en opaline, bloc fourni
à Pevsner, qui l'a teinté et poli ».
6. Michel Seuphor, *La Sculpture de
ce siècle. Dictionnaire de la sculpture
moderne*, Neuchâtel, Éd. Du Griffon,
1959.
7. Dossier de restauration de mai 1997,
conservé à la Documentation du Mnam.
8. Alain Jouffroy, « Scandale à Venise :
le jury refuse la Palme à Masson
et Pevsner. La 29e Biennale établit
la faillite de l'art abstrait »,
dans *Arts*, 18-24 juin 1958, p. 1.

L'Intransigeant, 29 avril 1953

Après la guerre, en 1952, l'Institut d'art contemporain de Londres lance un concours de sculpture monumentale sur le thème du prisonnier politique inconnu. Deux cents maquettes, parmi les trois mille cinq cents présentées par des concurrents (dont Giulio Carlo Argan, Alfred Barr, Herbert Read, Will Grohmann, Willem Sandberg) représentant cinquante-trois nations, sont soumises au jury. Au printemps 1953, le projet du jeune artiste anglais Reg Butler est déclaré gagnant. Le deuxième prix est accordé à quatre artistes : Mirko Basaldella, Barbara Hepworth, Naoum Gabo, Antoine Pevsner.

Pevsner récupère alors pour deux ou trois semaines sa maquette, conservée à la Tate Gallery, qui a accueilli l'exposition des œuvres du concours, et la ramène à Paris afin d'en achever le « modèle », destiné à être agrandi à une échelle monumentale[1].

Au-delà du thème imposé, Pevsner a saisi l'occasion de réunir ses expériences sur la sculpture constructiviste, comme il le déclare dans son texte de présentation[2] : « Ainsi cette solution se traduira dans l'espace, non pas par une seule figure, mais par un ensemble formé de plusieurs figures, surfaces et volumes. »

L'œuvre résulte d'une réflexion approfondie sur le créateur confronté à une crise politique et sociale, et dépasse le problème du « prisonnier politique ». Pevsner élargit ce thème en l'enrichissant de sa propre quête de la liberté. Il précise que c'est le Parthénon qui lui a inspiré « une force morale propre à vaincre les titans de l'esclavage de l'esprit [...], à rendre à l'homme la liberté et la croyance indispensable qui lui permettent de garder pour lui le ciel et la terre ». Il a d'ailleurs proposé le titre de « Monument symbolisant la libération de l'esprit[3] » afin « d'éviter toute confusion avec les autres maquettes acquises par le musée[4] » et, sans doute, de souligner le caractère plus complexe de son œuvre. Une troisième appellation, *Sphère*, renvoie aux éléments concrets de la construction, dans laquelle les « surfaces réglées d'après les tangentes correspondant à des équations fonctionnelles » se concentrent vers le noyau. Celui-ci aurait été réalisé en quartz, aux dires de l'artiste, ou en opaline, selon son épouse[5]. Des examens ultérieurs du « modèle » conservé au Mnam, notamment lors d'une restauration effectuée en 1997, révèleront que le matériau utilisé est en fait une résine synthétique, « qui fait penser à la pupille de l'œil et qui semble indiquer une intention d'irradier la sculpture par l'intérieur[6] ». L'utilisation d'un second matériau dans une construction en métal est exceptionnelle dans sa création.

L'interprétation donnée par l'artiste lui-même dans son texte de présentation fournit des éléments de lecture pour cette construction, dont les plans métalliques forment une sphère incomplète. L'intersection des figures géométriques, équilibrées par un tissage de baguettes métalliques, compose un ensemble à vocation monumentale. La maquette est réalisée en fils d'étain fixés avec des vis de cuivre, tandis que l'œuvre, en tiges brasées en alliage de cuivre, est patinée par « application à chaud d'un réactif chimique [...] composé de cire d'abeille et de pigments noirs[7] ». À l'intérieur, la patine a la même composition, mais avec des pigments plus clairs, qui, dans le flux lumineux, acquièrent des nuances jaunes : l'artiste a vraisemblablement souhaité donner par ce contraste une impression de mouvement, source de métamorphose et de renouvellement.

L'œuvre est accueillie par la presse française avec réserve, voire avec ironie. Dans *L'Intransigeant* du 29 avril 1953, la reproduction de la maquette est surmontée d'un gros titre : « Ce n'est pas un casier à homards ». Quelques historiens d'art de l'époque rendent cependant hommage à Pevsner pour avoir réalisé dans son *Monument symbolisant la libération de l'esprit* « une merveille d'équilibre et de poésie[8] ». D.L.

Mirko Basaldella, *Monument pour
le prisonnier politique inconnu*, 1953, maquette
Tate Gallery, Londres

Reg Butler, *Monument pour le prisonnier
politique inconnu*, 1953, maquette
Tate Gallery, Londres

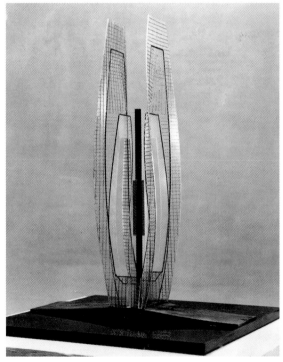

Barbara Hepworth, *Monument pour
le prisonnier politique inconnu*, 1953,
maquette
Tate Gallery, Londres

Naoum Gabo, *Monument pour le prisonnier
politique inconnu*, 1953, maquette
Tate Gallery, Londres

12 Sens du mouvement d'une construction spatiale, 1956

Tiges de laiton brasées
et patinées
65 x 102 x 45 cm
Monogrammé « A.P. »
deux fois sur la pointe
AM 1423 S

Historique
Don de Virginie Pevsner en 1964

Expositions
Paris, 1956-1957 ; Venise, 1958 ;
Paris, 1964 ; Venise, 1990a

Bibliographie
Zervos, 1956-1957, repr. p. 334 ; Paris,
cat. 1956-1957, n° 55, repr. pl. XXVII ;
Barotte, 1957, repr. ; Choay, 1957, cit.
p. 29 ; Selz, 1957, repr. ; Giedion-
Welcker, Peissi, 1961, n° 115, repr. ;
Hoctin, 1961, repr. p. 11 ; Paris, cat.
1964, n° 10, cit. p. 26, repr. p. 27 ;
Dorival, 1965, repr. pl. 95 ; Dorival,
1966, repr. pl. XIV ; Strachan, 1976, cit.
p. 206, repr. fig. 383, p. 207 ; Venise,
1990, cit. p. 169 ; Misler, 1995, cit.
p. 36, 38, repr. n° 19, p. 29 ; Barbier,
1995, cit. p. 240, repr. p. 239, fig. 113 ;
Lardera, 1997, cit. p. 452, 457, repr.
fig. 78

Contrairement à la plupart des œuvres de Pevsner, qui excluent toute orientation privilégiée, *Sens du mouvement d'une construction spatiale* est à l'évidence une sculpture fortement orientée. Il n'en demeure pas moins que le spectateur est immédiatement appelé à en faire le tour, et à observer l'étrange structure de cette œuvre qui gît, sans socle, comme une singulière bête marine tout juste échouée sur une plage, encore luisante, ruisselante, palpitante.

L'imbrication des différentes surfaces, qui s'enrobent les unes les autres et se dérobent sans cesse, est suffisamment complexe pour que toute tentative de description se dissolve dans un enchevêtrement vite incompréhensible. L'ensemble n'est que jeu de cônes inversés, soit que la direction de leur sommet s'oppose, soit qu'ils apparaissent en plein ou en creux, ou encore dans les vides. Les vides eux-mêmes naissent des surfaces aussi bien qu'ils les génèrent : celles-ci se gonflent, apparaissent comme une peau recouvrant un organisme invisible. Chaque puits d'ombre semble recéler un mystère. La lumière qui vibre entre les tiges jointoyées glisse sur les brillances du métal, faisant naître la sensation d'un épiderme glissant, insaisissable.

Les fils métalliques sont soudés à un squelette fait de barres plus épaisses, que le sculpteur a retaillées pour donner une illusion d'épaisseur. Le manque de régularité, volontaire, renforce l'impression de vie animale : on croit voir des fanons dans une gueule ouverte, le rayonnement d'un iris qui se creuse de la noirceur d'une cornée, le dessin d'arêtes qui courent sous des nageoires, ou des branchies. L'œuvre serait incohérente si elle n'était unifiée, « aéro-dynamisée » par les baguettes métalliques de structure, qui se tendent sur le dessus, des ailerons jusqu'au nez effilé. Elles ne sont pas retaillées, et leur brillance attise leur rôle dynamique. La tige centrale se détache, isolée, vibrante comme un filin tendu à l'extrême. Pourtant son épaisseur est irrégulière, son axe se dévie. De l'arrière, elle se confond avec une sorte d'aileron fin et élancé, aux contours également irréguliers : Pevsner évite la sécheresse, l'appauvrissement, la froideur d'une géométrisation trop parfaite. Il confère ainsi à l'œuvre, au-delà de la rigueur géométrique et symétrique qui la marque, une irrégularité qui adoucit, humanise : c'est la légère torsion qui empêche la règle. C'est finalement la vie, qui n'existe que dans l'union dynamique du certain et de l'improbable.

L'œuvre n'est pas immobile, elle est au repos. En même temps proche et inconnue, elle peut paraître légèrement menaçante, comme tout corps où l'on percevrait la vie, sans pouvoir l'identifier. Elle n'est ni un poisson, ni un vaisseau, ni un oiseau mais, parvenant à faire naître de fortes sensations toniques, d'aérodynamisme et de vitesse de propulsion, elle est un peu tout cela à la fois.

Utilisant depuis ses débuts un vocabulaire plastique géométrique, extrêmement restreint (la ligne droite ou ellipsoïdale, l'angle et le cône), Pevsner crée des œuvres d'une richesse toujours renouvelée, aussi bien du point de vue plastique que sémantique. Comme ceux qui firent naître des civilisations en inventant à partir de quelques signes – un trait, un point, un cercle – la source intarissable de l'écriture, Pevsner invente la sculpture.

E.L.

13 Vision spectrale, 1959

Laiton brasé patiné et peint
100 x 58 x 36 cm
Socle profilé, peint en noir,
13,5 x 39 x 32 cm
AM 1352 S

Historique
Don de Virginie Pevsner en 1962

Expositions
Tokyo, Kyoto, 1961-1962 ; Paris, 1964

Bibliographie
Giedion-Welcker, Peissi, 1961, n° 117,
repr. p. 143 ; Tokyo, Kyoto, cat. 1961-
1962, n° 463, repr. p. 166 ; Paris, cat.
1964, n° 11, cit. p. 28, repr. p. 29 ;
Dorival, 1966, repr. pl. XVI ; Adelmann,
Conil-Lacoste, 1966, repr. pl. 7 ;
Pevsner, 1959, p. 13 ; Hamilton, 1967,
cit. p. 233 ; Makariaus, Marcheschi,
Trichon-Milsani, 1983, cit. p. 49-50,
repr. p. 50 ; Barbier 1995, cit. p. 240,
repr. p. 238 ; Lardera, 1997, cit. p. 466,
468, repr. fig. 50

1. « Propos d'un sculpteur », interview
par Rosamond Bernier, *L'Œil*, n° 23,
novembre 1956, p. 33
2. *Ibid.*, p. 31.

La teinte violacée de cette construction métallique choque. On peut y voir la main du peintre Pevsner mettant une dernière touche à sa sculpture pour faire découvrir au spectateur le cheminement de la lumière, qui se faufile « à l'intérieur de la sculpture même, qui absorbe [les couleurs] comme une éponge[1] ». Désireux de les « capter [...] et les retenir dans l'œuvre[2] », l'artiste a fait un travail d'alchimiste exploitant les réactions du métal à l'attaque des acides et des oxydations, qu'il a parfois complété avec des pigments de peinture. Ici, il a probablement souhaité adoucir la composition géométrique, dans laquelle s'enchevêtrent prismes, troncs de cônes et fragments de volumes. L'assemblage de ces éléments liés par de multiples lignes formant une symétrie rigoureuse donne naissance à une apparition inquiétante.

Une analyse psychanalytique dévoilerait sans doute l'angoisse et la détresse ressenties par Pevsner, qui lutte alors discrètement contre une grave maladie, contractée à cause de son travail. On pourrait même y voir une prémonition de la mort, qui allait survenir trois ans plus tard. Jamais exprimée auparavant, cette hantise transparaît dans la *Vision spectrale*, dont la forme allongée, contrairement à celle de *Phénix* (1957), symbole de l'espoir, évoque un insecte lourd, incapable de prendre son envol. Les deux surfaces latérales, largement ouvertes vers le bas, viennent se fixer dans un pied curieusement dessiné en forme de cœur.

Plus proche des constructions organiques comme *Construction dans l'œuf* (1948) ou *Germe* (1949), cette œuvre réunit dans sa partie supérieure les éléments géométriques fondamentaux que Pevsner a utilisés dans toutes ses autres constructions.

D.L.

14 Construction spatiale aux 3e et 4e dimensions, 1961

Tiges de laiton brasées
103 x 52 x 77 cm
AM 1353 S

Historique
Don de Virginie Pevsner en 1962

Expositions
Paris, 1964

Bibliographie
Giedion-Welcker, Peissi, 1961, n° 118, 2 repr. ; Paris, cat. 1964, n° 12, cit. p. 30, repr. p. 31 ; Cartier, 1964, cit. ; Michel, 1964, cit. ; Elgar 1964, cit. et repr. ; Dorival, 1965, repr. p. 97 ; Adelmann, Conil-Lacoste, 1966, cit. p. 19 ; Lardera, 1995, cit. p. 177, repr. fig. 81 p. 179 ; Barbier, 1995, cit. p. 240, repr. p. 239, fig. 113 ; Lardera, 1997, cit. p. 471, 478, repr. fig. 82

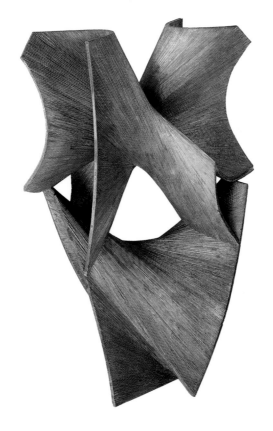 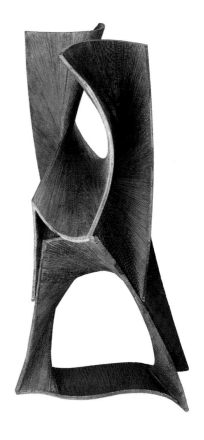

1. Voir notre entretien avec Bernard Dorival, p. 22.
2. Voir Jean-Claude Marcadé, *L'Avant-Garde russe*, Paris, Flammarion, 1995, p. 264.
3. Voir notamment *Surface développable*, 1938, dans Brullé, Lebon, n° 43 ; *Surface développable*, 1938, dans Brullé, Lebon, n° 45.
4. Voir Brullé, Lebon, n° 72.

Les termes mathématiques choisis par Pevsner pour le titre de sa dernière œuvre semblent indiquer sa volonté de nommer les idées maîtresses de ses constructions. Présente dans les constructions où le développement des surfaces ne rencontre aucune limite, une quatrième dimension temporelle est ajoutée par Pevsner – comme par d'autres artistes – à la tridimensionnalité de la sculpture. Même s'il s'agit dans une certaine mesure d'un effet de « mode », cette démarche, évoquée par nombre d'artistes et d'hommes de lettres[1], relève indéniablement d'une évolution des conceptions sur la sculpture dont Roman Jakobson avait rendu compte dès 1919 dans *Le Futurisme*[2] : « Le temps s'immisce dans toutes les dimensions spatiales. Nous ne pouvons déterminer la forme géométrique d'un corps qui se meut par rapport à nous. Nous déterminons toujours sa forme cinétique. Ainsi, nos dimensions spatiales arrivent en fait, non pas dans la pluralité tridimensionnelle, mais dans la pluralité quadridimensionnelle. »

Quelques œuvres réalisées à partir de 1935[3] témoignent du travail de Pevsner sur l'imbrication rythmée des surfaces, dont le développement sollicite la contribution du regard extérieur. S'élançant avec un rythme maîtrisé, les surfaces semblent entraînées dans un mouvement continu. Par leur ondoiement, elles dessinent d'étonnantes alternances de vides et de pleins, qui laissent une sensation de légèreté de la matière. L'impression d'asymétrie nous fait entrevoir une composition inhabituelle, que Pevsner paraît avoir recherchée, mais l'équilibre exigé par la complexité des plans imposait une précision quasi mathématique. Un examen attentif, sous de nombreux angles de vue, permet de découvrir une symétrie parfaite par rapport à la verticale. Les deux éléments superposés et fixés par deux encoches cachées donnent l'illusion d'une spirale discontinue, qui se projette sous la diffraction de la lumière. Le regard se promène sur les rainures métalliques lustrées, qui, bien que limitées à l'espace de la sculpture, se continuent dans l'imaginaire.

Annoncée par un titre dont la résonance se veut résolument scientifique, l'ultime œuvre de Pevsner vibre d'une poésie et d'une musicalité infinies. Elle constitue l'aboutissement des recherches d'un artiste resté toute sa vie fidèle à la conception de l'espace qu'il avait énoncée dès 1920.

Cette construction étant destinée à une version monumentale, Pevsner en réalisa lui-même un modèle en plâtre de 315 cm. Après sa mort, quatre versions monumentales furent commandées et fondues chez Susse[4].

D.L.

15 Femme déguisée, 1913

Huile sur toile fixée
sur contreplaqué
67,5 x 46 cm
Signé « Pevsner » en bas à droite
à la peinture et daté « 13 »
AM 4243 P

Historique
Don de Virginie Pevsner en 1964

Expositions
Paris, 1956-1957 ; Paris, 1964

Bibliographie
Paris, cat. 1956, n° 3 ; Massat, 1961,
repr. p. 74 ; Paris, cat. 1964, n° 13,
cit. p. 34, repr. p. 35 ; Dorival, 1965,
cit. p. 28, 46, repr. p. 31 ; Passuth,
1995, cit. p. 130

A. Pevsner, ébauche, crayon sur papier,
collée au verso de la peinture *Femme déguisée*, 1913
Centre Pompidou, Musée national d'art moderne, Paris

1. Mady Ménier, « Aux pieds de la
tour Eiffel… », J.-Cl. Marcadé (dir.),
Colloque…, Paris, Art Édition, 1995,
p. 59.
2. *Constructing Modernity*, Londres
& New Haven, Yale University Press,
2000, p. 406.
3. Alexei Pevsner, *Une esquisse
biographique de mes frères,
Naum Gabo et Antoine Pevsner*,
Zwanenburg, 1968, p. 41-42.
4. « Propos d'un sculpteur »,
interview par Rosamond Bernier,
L'Œil, n° 23, novembre 1956, p. 29.
5. *Ibid.*, p. 31.

Un petit dessin de 118 x 65 cm signé et daté « 1913 », collé sur le support en bois au verso de la peinture intitulée *Femme déguisée*, a sans doute influencé la datation de cette œuvre. La signature, en bas à droite, et les deux chiffres rajoutés plus tard par incision dans la peinture ne permettent pas d'indiquer précisément la date de création. En 1913, Pevsner est de retour à Moscou après son premier séjour parisien, au cours duquel il a rencontré Modigliani et Duchamp et vu le dernier Salon des indépendants, où il a été « plus intéressé que conquis par le cubisme [1] ». L'écho de ces contacts se concrétisera dans *L'Absinthe* (1915), ou dans *Tête de femme italienne* (1915), où l'on constate une évidente préoccupation concernant l'analyse des plans. Le *Carnaval* et la *Tête de clown* se situent dans la même démarche personnelle inspirée du cubo-futurisme. C'est la période de toutes les « tentations », de l'expressionnisme au folklore russe : Pevsner réalise des portraits des membres de sa famille et s'essaie au dessin cubiste. Dans cette logique, l'argumentation de Christina Lodder et Martin Hammer [2] pour la datation de ces œuvres semble cohérente. Toutefois, malgré nos réserves à l'égard des « souvenirs » d'Alexeï Pevsner [3], nous pensons, comme lui, que l'élaboration de cette peinture s'est faite sur une période plus large. Seule la position penchée de l'ovale, dans la partie supérieure, rappelle l'idée initiale du portrait, lequel sert ici de prétexte pour un développement chromatique. Pevsner applique les leçons de Vroubel : au violet et au noir répondent les ocres et les verts distribués par séquences à travers le prisme qui organise l'ensemble. Tandis qu'il procède, dans le registre des ocres, à une décomposition presque géométrique, il utilise l'ovale violet, situé en biais dans la partie supérieure, pour expérimenter la texture du support et la densité de la couleur, en faisant alterner des zones brillantes avec des zones mates, qui se concentrent dans un noyau noir, sans éclat. Plutôt qu'une réminiscence du regard de l'icône qui l'a marqué dans sa jeunesse [4], ce noyau est sans doute une évocation des puissances créatrices du vide, « emprisonné dans certains angles calculés afin de permettre la réunion des couleurs du spectre [5] ». Le vide, ici à peine suggéré, semble aspirer les fragments éclatés. L'idée de déguisement, ou de renfermement sur soi-même, est mise en valeur par le traitement différent des surfaces sur une même toile, qui produit des effets visuels particuliers : *Femme déguisée* reste un cas unique dans la peinture de Pevsner.
D.L.

16 Composition,
1917-1918

Huile sur toile
80 x 52 cm
Signé et daté « Pevsner 17-18 »
en bas à droite
Signé et daté « Pevsner 1917-18 »
(caractères cyrilliques) au verso
de la toile en haut à gauche
AM 4240 P

Historique
Don de Virginie Pevsner en 1964

Expositions
Paris, 1956-1957 ; Amsterdam, 1958 ;
Francfort, 1992

Bibliographie
Paris, cat. 1956, n° 7 ; Giedion-Welcker,
Peissi, 1961, cat. n° 14, repr. ; Paris,
cat. 1964, n° 14, cit. p. 36, repr. p. 37 ;
Francfort, cat. 1992, n° 313, cit. p. 762,
repr. ; Ménier, 1995, cit. p. 67, repr.
n° 55, p. 66

1. « Antoine Pevsner ou la primordialité
d'être », dans J.-Cl. Marcadé (dir.),
Colloque..., Paris, Art Édition, 1995,
p. 158.
2. Kazimir Malévitch, *Les Arts
de la représentation*, Lausanne,
L'Âge d'homme, 1994, p. 76.

Accompagnée de la date « 17-18 », la double signature, en caractères latins et en cyrillique, marque la volonté de Pevsner de situer cette œuvre à un moment essentiel pour lui : son retour en août 1917 à Moscou, où on lui a proposé d'enseigner la peinture à l'École de peinture, sculpture, architecture. Ce poste, qu'il conservera après la transformation de cette institution, en 1918, en seconds Ateliers libres (Svomas), est une occasion pour l'artiste de réfléchir sur la création picturale. Il mène diverses recherches sur la composition, notamment chromatique, dans des œuvres très différentes, qui ne s'inscrivent pas dans des séries. René Massat rappelle que dans ses toiles les plus anciennes, datées de 1912-1914, Pevsner souhaite « résoudre le problème de la couleur tel qu'il s'est posé aux grands maîtres d'autrefois [1] », et surtout analyser les conséquences des métamorphoses chromatiques dues au mouvement. À cette problématique s'ajoute son raisonnement sur la construction dans l'espace. Pendant cette période, Pevsner étudie en peinture la multifacialité expérimentée par Gabo en sculpture.

L'aspect géométrisant de cette *Composition* révèle un artiste en quête de solutions pour une construction harmonieuse de l'espace, et témoigne d'un choix marqué pour l'abstraction. La bidimensionnalité de la toile ne lui suffisant plus, Pevsner imagine à travers la perspective prismatique une profondeur qu'il obtient en répétant les mêmes figures géométriques, dans des dimensions différentes. Rectangles oblongs, trapèzes et triangles s'entrecoupent selon une disposition verticale. L'absence de toute référence figurative renvoie plutôt à ce que Malévitch appelle « le quatrième stade de la peinture cubiste spatiale [2] », représenté à l'époque par des artistes comme Tatline, Brouni, Popova ou Klioune.

Son penchant pour le monochrome le pousse à rechercher des ocres d'une grande diversité de valeurs. Ceux-ci prennent une légère teinte violacée vers le centre de la composition, éclairé par le jaune des deux triangles disposés tête-bêche. Le tracé des figures géométriques aboutit, au centre, à un losange étiré, noir qui complète harmonieusement la note chromatique basse de cette composition.
D.L.

17 Composition, 1923

Huile sur carton
52 x 35 cm
Signé et daté « Pevsner 1923 »
en bas à gauche et daté « 23 »
en bas à droite
AM 4241 P

Historique
Don de Virginie Pevsner en 1964

Expositions
Paris, 1956-1957 ; Amsterdam, 1958 ;
Paris, 1994-1995

Bibliographie
Paris, cat. 1956, n° 10 ; Giedion-
Welcker, Peissi, 1961, cat. n° 36, repr. ;
Paris, cat. 1964, n° 16, cit. p. 40, repr.
p. 41 ; Dorival, 1965, cit. p. 13, 43

R. Delaunay, *Une fenêtre*, 1912-1913, huile sur toile
Centre Pompidou, Musée national d'art moderne, Paris

1. Voir infra p. 84.
2. Voir l'entretien qu'il nous accordé
le 26 avril 2001, p. 19.

Précédée d'un dessin [1] (offert par Virginie Pevsner lors de sa deuxième donation, en 1964), la *Composition* de 1923 reprend dans d'autres dimensions le principe de l'assemblage de figures géométriques, auquel l'artiste ajoute une gamme de verts. Bien plus influencé par le suprématisme que par le cubisme, Pevsner construit cet ensemble à partir d'une figure géométrique noire située au centre de la composition. Les triangles et les rectangles disposés sur un axe vertical sont rythmés par un éclairage qui met en valeur la bipolarité des deux couleurs dominantes : le vert et le rouge. Un losange bleuté, situé sur le côté droit, accentue la transparence, obtenue par une superposition partielle des plans. Dans une même logique de recherche de l'équilibre, la succession des valeurs se fait en diagonale, du vert foncé vers le vert clair. Cette *Composition* sans objet, radicalement non-figurative, produit l'illusion d'une fenêtre s'ouvrant sur une autre, celle-ci débouchant elle-même sur un vide, créateur à son tour de multiples plans. C'est une étude géométrisante, plus précise du point de vue du tracé que la composition de Robert Delaunay créée dix ans plus tôt, *Une fenêtre* (1912-1913), dans laquelle, au-delà de la transparence des plans colorés, on aperçoit quelques lignes rappelant la tour Eiffel, suggestion qui ne fait que renforcer la verticalité de cette mosaïque de couleurs. Comme chez Delaunay, la vitre de la fenêtre est ici pour Pevsner un moyen de filtrer la lumière afin de magnifier la couleur et d'en obtenir différentes valeurs.

L'examen de cette peinture reprise du petit dessin sur papier millimétrique de 1917 confirme l'interprétation de Bernard Dorival : « Sa peinture ? Des dessins plus poussés [2]. »

D.L.

18 Gamme rouge, 1922-1923

Acétate de cellulose
montée sur bois
30,5 x 31,5 x 3,5 cm
Encadrement en laiton brasé
Monogrammé et daté
« A. P. 1923 » en bas à gauche,
signé « Pevsner » en bas à droite
AM 4242 P

Historique
Don de Virginie Pevsner en 1964

Expositions
Zurich, 1949 ; Paris, 1956-1957 ;
Paris, 1964 ; Tanlay, 1993

Bibliographie
Jakovsky, 1933, p. 36 ; Zurich, cat.
1949, nº 7 ; Paris, cat. 1956, nº 13 ;
Giedion-Welcker, Peissi, 1961, cat.
nº 39 ; Paris, cat. 1964, nº 15, cit. p. 38,
repr. p. 39 ; Paris, cat. 1986b,
cit. p. 468, repr. p. 467 ; Bowlt, 1995,
cit. p. 53 ; Tel-Aviv, cat. 1995, cit. et
repr. fig. 39, p. 94

1. Dans *Antoine Pevsner
   et le constructivisme*, Paris,
   Caractère, 1956, p. 19-20.
2. Voir John E. Bowlt, « L'enseignement
   artistique à Saint-Pétersbourg
   et à Moscou pendant les années
   de formation d'Antoine Pevsner »,
   dans J.-Cl. Marcadé (dir.), *Colloque…*,
   Paris, Art Édition, 1995, p. 53.

« Ce n'est pas à proprement parler de la peinture, mais l'effet de certaines matières chimiques – éther, vinaigre – mélangées avec quelques couleurs en poudre, à l'aniline, sur de la matière plastique » : c'est ainsi que René Massat[1] explique les expériences chimiques auxquelles Pevsner, à la recherche de nouvelles suggestions que les matières plastiques pouvaient lui donner, s'essayait au début des années vingt. Le celluloïd, utilisé par Gabo dans les maquettes de ses constructions, était sans doute, de par sa légèreté et sa transparence, un matériau facile à manier pour le sculpteur. En revanche, il vieillit vite et mal. Pevsner l'a utilisé dans quelques sculptures, mais il lui préférera, dans ses constructions ultérieures, des métaux de compositions diverses. Il le choisit néanmoins comme support de cette composition abstraite monochrome.

Un examen superficiel permet de remarquer d'emblée l'aspect dense et brillant de la peinture à l'encaustique. Plusieurs prises de vue à l'infrarouge confirment ce que l'apparence laissait deviner : le support en plastique a vraisemblablement été soumis à une attaque acide qui a modifié la surface plane, laquelle s'est gondolée. Pour la composition des figures géométriques, l'artiste a procédé par éraflures. Il a parfois accentué celles-ci en les teintant de brun. D'autres aspects étranges – l'opacité survenue au cours du temps sur une partie d'un disque comportant de multiples centres concentriques incisés, ou les éclats au milieu du demi-cercle, dans la partie inférieure – témoignent d'une réaction imprévue du matériau à la suite de cette attaque chimique, dont résulte une extrême fragilité de l'œuvre.

L'agencement aléatoire des figures géométriques n'est qu'un prétexte pour réaliser cette expérience technique, qui rappelle le travail que Vroubel avait effectué dans une usine de céramique[2] dans le but d'exploiter les métamorphoses de la couleur, et de la rendre, par un processus de vernissage, iridescente et brillante. Cette impression de surface émaillée provient aussi du fait que la couleur transgresse le dessin, qui n'est, dans cette composition, qu'un tissage de lignes discrètement éraflées.
Peinture, objet ou sculpture, cette œuvre relève de la curiosité scientifique de Pevsner, qui poursuivera jusqu'à la fin de sa vie une recherche assidue sur les matériaux.
D.L.

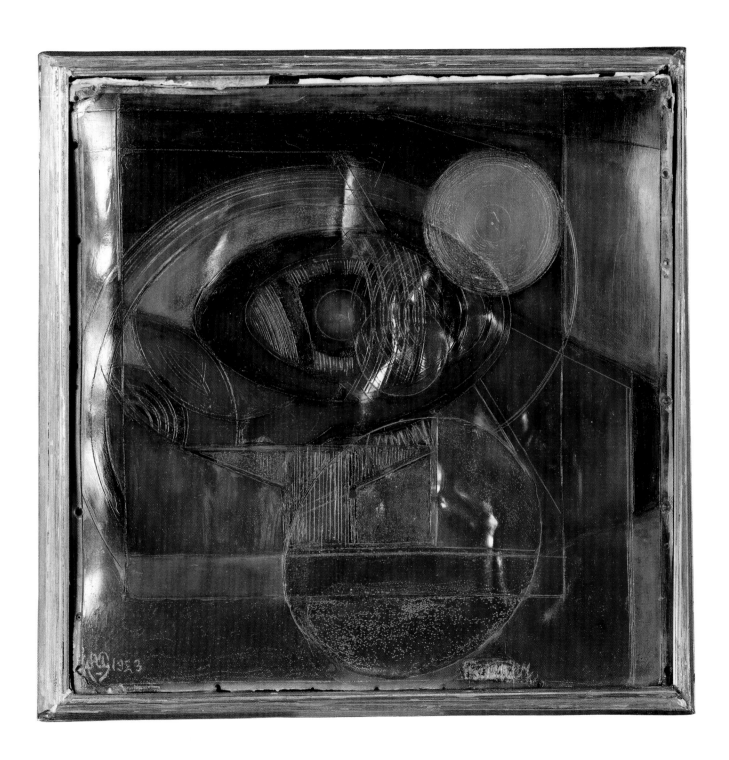

19 Naissance de l'Univers, 1933

Huile sur toile, marouflée
sur contreplaqué
75 x 105 cm
Daté et monogrammé « 33 A. P »
en bas à gauche
et signé « A Pevsner »
en bas à droite
AM 4056 P

Historique
Don de Virginie Pevsner en 1962

Expositions
Paris, 1956-1957 ; Paris, 1964

Bibliographie
Zervos, 1956-1957, repr. p. 337 ;
Paris, cat. 1956, n° 14, repr. pl. XXXI ;
Pevsner, 1959, p. 13-16, dessin repr.
p. 13 ; Giedion-Welcker, Peissi, 1961,
cat. n° 73, repr. ; Massat, Guy, 1961,
cit. p. 67-68, repr. p. 69 ; Paris, cat.
1964, n° 17, cit. p. 42, repr. p. 43 ;
Seuphor, 1972, repr. p. 184 ; Massat,
Guy, 1995, cit. p. 194, repr. p. 195

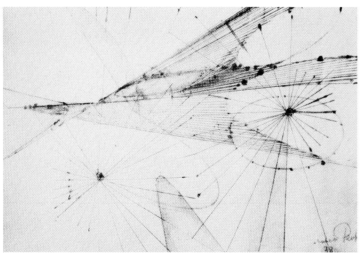

A. Pevsner, *Naissance de l'Univers*, 1933, dessin sur papier calque
Coll. particulière, Paris

A. Pevsner, *Projection dans l'espace*, 1938-1939, bronze et cuivre oxydé
Coll. particulière, Bâle

1. Collection particulière, Paris.
2. « Antoine Pevsner ou la primordialité de l'être », dans J.-Cl. Marcadé (dir.), *Colloque…*, Paris, Art Édition, 1995, p. 160.
3. Marie-Noëlle Pradel (dir.), *Pevsner au Musée national d'art moderne. Les écrits de Pevsner*, Paris, RMN, 1964, p. 61.

Dans sa sculpture, Pevsner a toujours voulu exprimer l'infinité de l'espace et sa fascination pour l'inconnu, l'intangible. Se projetant intimement dans le vide, dans lequel il trouve une source d'inspiration et une liberté totale pour construire, le peintre Pevsner aime à se laisser conduire par des lignes fougueuses qui ne mènent nulle part. L'étendue impalpable de l'espace le hante, et ce qui le préoccupe de manière constante est le regroupement des éléments invisibles. L'espace sans objets dans lequel des corps cosmiques rayonnent de leur propre lumière accueille une multitude de points et de lignes, qui forment de véritables constellations.

De par son apparence, cette peinture semble reprendre le dessin réalisé la même année et portant le même titre[1]. Il est certain que les deux œuvres sont issues des mêmes réflexions et que l'artiste les a conçues dans le même esprit. Ignorant les limites du dessin tracé à la ligne et au compas, le peintre choisit une bichromie de rouge et de noir, qu'il distribue, particulièrement dans le registre supérieur, en suivant les lignes du dessin. Mais la dilution du rouge s'étend sur le réseau de lignes, produisant un effleurement poétique de la géométrie. René Massat, qui voit dans cette œuvre « un des sommets de la peinture non-figurative[2] », fait remarquer que « la ligne et la forme ne limitent pas la couleur et que c'est la couleur qui semble les engendrer », dans un mouvement perpétuel. La rencontre des plans colorés avec les lignes qui les sillonnent est porteuse de forces et de tensions, mais celles-ci semblent domptées par la béatitude ressentie par Pevsner devant l'infinité. Il confiera plus tard : « L'espace est une poésie qui se sent au lieu de se mesurer. […] Notre Univers et notre organisme sont en constante relation avec le dynamisme spatial et temporel auquel nous sommes soumis[3]. »
D.L.

20 Tableau spatial, 1944-1948

Huile sur Isorel
80 x 100 cm
Monogrammé « A. P. »
en bas à gauche,
à la peinture verte
daté et signé « 44/48 A. Pevsner »
en bas à droite à la peinture
verte et bleue (signature)
AM 3519 P

Historique
Achat à l'artiste en 1957

Expositions
Zurich, 1949 ; Paris, 1956-1957 ;
Paris, 1964

Bibliographie
Seuphor, 1950, repr. p. 321 ; Paris, cat.
1956, n° 15, repr. pl. XXXII ; Giedion-
Welcker, Peissi, 1961, cat. n° 98, repr. ;
Dorival, 1961, cit. et repr. p. 245 ;
Paris, cat. 1964, n° 18, cit. p. 44,
repr. p. 45

A. Pevsner, *Le Lis noir*, 1943, bronze oxydé
Coll. particulière, Cologne

1. *Projection dynamique au 30ᵉ degré*,
   1950-1951, et *Maquette monumentale
   de la Colonne développable
   de la Victoire*, 1955.
2. Voir notre interview de Bernard Dorival
   p. 20.
3. Dans *Art d'aujourd'hui*, n° 3,
   décembre 1953, p. 25.

La première exposition personnelle de Pevsner, organisée au palais de Tokyo en 1956-1957, est pour l'artiste une consécration, et pour le Musée l'occasion de découvrir un ensemble d'œuvres dignes d'entrer dans ses collections. Antoine et Virginie Pevsner font alors don au Musée national d'art moderne de deux sculptures [1] : celles-ci vont constituer le noyau d'une collection qui sera complétée par deux donations successives après la mort de l'artiste. En retour, le Musée achète une peinture, *Tableau spatial*, « pour les remercier de leur donation », selon les déclarations de Bernard Dorival [2], qui fut à l'initiative de cette exposition, en sa qualité de conservateur au Musée.

Les inscriptions « 44 » et « 48 » incisées au-dessous du monogramme situent cette peinture dans une période particulièrement féconde, essentiellement dévolue aux constructions spatiales. Le mouvement des surfaces développables, la torsion et l'ouverture en éventail des lignes rappellent les constructions réalisées en 1936 et 1938, et plus encore *Le Lis noir*, de 1944. Certaines des œuvres sculptées sont influencées par le rayonnisme de Larionov de 1912-1914, qui inspire en particulier le travail des tiges métalliques soudées adopté par Pevsner. Cette composition, visiblement fondée sur une étude des surfaces striées et une analyse géométrique des figures composées, et réalisée à la règle et au compas, semble être une esquisse préparatoire à la sculpture. Pevsner niera pourtant avoir fait appel à une quelconque méthode scientifique : il affirmera au contraire sa volonté de créer seulement avec son imagination. René Barotte rapporte ainsi, dans son article « L'espace malléable de Pevsner [3] », ces propos de l'artiste : « Je n'ai jamais fait de mathématiques en art. Tout mon travail repose sur cette conviction qu'il existe une "forme de l'espace" ».

Délibérément absente des sculptures, l'ombre est ici peinte sous la forme de deux taches uniformes, qui constituent une base stable pour la surface transparente. Mouvement perpétuel et métamorphoses continues ressortent de cette combinaison de lignes distribuées en rayons, qui tracent des cercles aériens. C'est un exemple de plus de la capacité de Pevsner à poétiser la géométrie.
D.L.

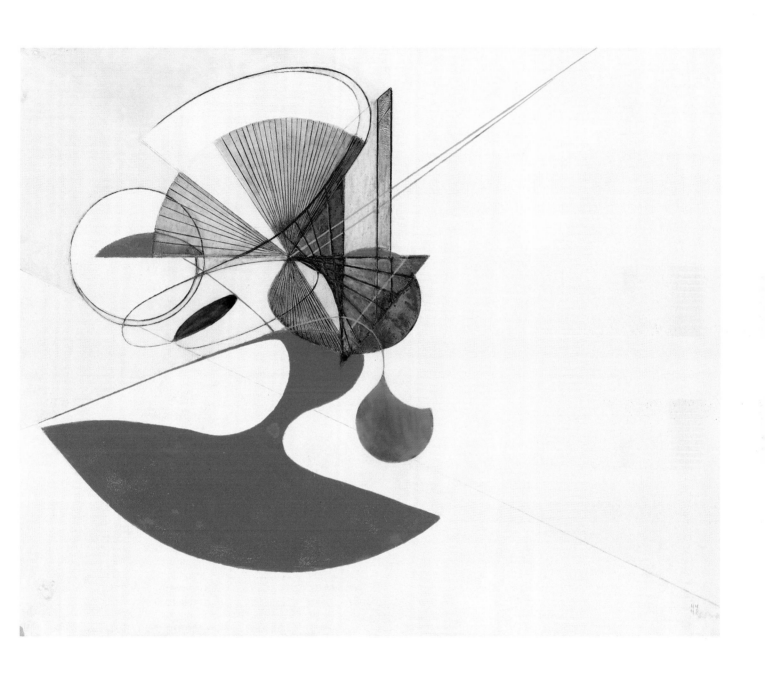

21 Rencontre des
   planètes, 1961

Huile sur contreplaqué
80,5 x 54 cm
Monogrammé et daté « A. P. 61 »
en bas au milieu,
signé « A. Pevsner » en bas
à droite à la peinture vermillon
AM 4057 P

Historique
Don de Virginie Pevsner en 1962

Expositions
Paris, 1964

Bibliographie
Paris, cat. 1964, n° 19, cit. p. 46,
repr. p. 47 ; Dorival, 1965, cit. p. 43
(et dessin 1924, repr. p. 60)

A. Pevsner, *Fresque pour une cathédrale*, 1944, cuivre oxydé
Art Institute of Chicago

1. Martin Hammer et Christina Lodder,
*Constructing Modernity. The Art
& Career of Naum Gabo*, New Haven
& Londres, The Yale University Press,
2000, p. 413. Voir le journal de Gabo,
27 janv. 1929, Berlin, p. 413.

Le 27 janvier 1929, Gabo, qui jugeait que son frère Antoine était plutôt peintre que sculpteur, notait dans son journal : « Taraska a du talent, et je le considère comme l'un des meilleurs peintres actuels […], mais il n'est pas productif, il n'est pas fanatique[1]. » Certes, Pevsner a enseigné la peinture à l'École de peinture, sculpture et architecture de Moscou en 1917-1918, mais il n'a jamais considéré celle-ci comme son « œuvre véritable ». Le pinceau l'a accompagné tout au long de sa carrière sans jamais devenir son outil de prédilection.

Dans leur *Manifeste réaliste* de 1920, les deux frères précisaient que la couleur, « impression extérieure et superficielle émanant des choses […], est accidentelle et n'a rien de commun avec le contenu des corps ». La dernière peinture de Pevsner semble confirmer cette idée : dans cette composition, les couleurs, appliquées par couches épaisses, deviennent de simples matériaux conventionnels, utilisés pour un exercice artistique. C'est le cercle, figure fascinante par les tensions qu'il renferme et génère en même temps, qui en est le motif principal, tout comme dans les bas-reliefs – *Fresque pour une cathédrale* (1943-44, The Art Institute of Chicago) ou *Fresque en ovale* (1945, Stedelijk Museum, Amsterdam) –, où les figures géométriques s'entrelacent sur une surface destinée à être regardée comme une peinture. Ici également, il donne naissance à une variété inépuisable de figures géométriques, dont les limites sont marquées par des tracés colorés. L'alternance de surfaces mates ou brillantes, pauvres ou riches en matière, donne de la consistance à cette composition. Cercles concentriques, demi-cercles, triangles aigus déformés sous l'impact des forces centrifuges sont rassemblés dans cet espace que Pevsner conçoit comme le lieu de rencontre des planètes.
D.L.

Pevsner et le dessin

Pierre Brullé

À l'issue d'une formation de dessinateur et de peintre à l'École d'art de Kiev, Antoine Pevsner a reçu en 1910 le titre de « professeur de dessin et de dessin technique dans les établissements secondaires ». De 1917 à son départ de Russie en 1923, Pevsner enseigne d'ailleurs la peinture, tout d'abord aux Svomas (seconds Ateliers libres), puis à l'Inkhouk (Institut de la culture artistique), et enfin aux Vkhoutémas (Ateliers supérieurs d'art et de technique).

Antoine Pevsner a en fait dessiné tout au long de sa carrière artistique, mais cet aspect de son œuvre est relativement peu connu, l'artiste l'ayant lui-même tenu secret, à deux exceptions près. La première est la présentation de six dessins datés de 1916-1917 à 1920, lors de l'exposition « Cubism and Abstract Art »; au MoMA en 1936, exposition où figurent également une peinture et trois sculptures de Pevsner; il n'est malheureusement pas possible d'identifier ces dessins dont les titres suggèrent cependant des œuvres entre figuration et abstraction. La deuxième exception est encore plus notable: il s'agit de l'exposition personnelle de Pevsner au Musée national d'art moderne en 1956, où un ensemble de vingt-cinq dessins est présenté – encore faut-il noter que la grande majorité de ces dessins semblait destinée à documenter l'activité de l'artiste dans les années 1910-1920, les œuvres de cette période étant parfois perdues ou détruites. On peut observer une orientation similaire dans le livre consacré à ces dessins par Bernard Dorival, qui avait été commissaire de l'exposition de 1956. Les dessins reproduits dans ce livre publié en 1965, trois ans après la mort de Pevsner, datent pour la plupart des années 1910 et 1920, et se rapportent donc à une phase précoce de son œuvre, essentiellement celle des peintures et des premiers reliefs. Ils permettent, certes, de découvrir les origines vroubéliennes de son art et de recueillir leurs « confidences » sur la création pevsnérienne dans ces années-là, pour reprendre le mot de Bernard Dorival, mais on peut cependant regretter l'absence de dessins permettant de comprendre la genèse des constructions dans l'espace, projections dans l'espace et autres surfaces développables, fruits d'une phase ultérieure de l'œuvre de Pevsner. Mise à part la volonté de documenter les premières phases de la création pevsnérienne, volonté conforme à la décision de présenter des dessins lors de l'exposition de 1956, on peut imaginer qu'il semblait urgent alors de prouver, contre les assertions mauvaises d'Alexeï Pevsner, le frère cadet de Pevsner et de Gabo, l'existence d'œuvres de Pevsner dignes de ce nom « avant 1925 ». On peut aussi considérer que la décision de ne pas dévoiler les dessins des années 1930, 1940 et 1950 respectait le souhait de l'artiste de ne montrer que ses sculptures, aboutissements magistraux de ses recherches.

À deux reprises, Pevsner s'est expliqué sur la place du dessin dans son œuvre, en la minimisant résolument. Ainsi, dans une série d'articles sur le travail des artistes (*Art d'aujourd'hui*, série 4, n° 8, décembre 1953), Roger Bordier rapporte à propos de Pevsner: « Il lui arrive quelquefois de jeter sur le papier un dessin, mais très superficiel, reconnaît-il, et qui ne donne pas une idée bien nette du projet. Enfin, insistons sur le fait que ce vague croquis n'est qu'aléatoire et que son importance, de toute manière, se révèle bien minime. » Dans un entretien avec Rosamond Bernier (*L'Œil*, n° 23, novembre 1956), quand celle-ci lui demande s'il fait des dessins préliminaires, Pevsner répond : « Quelquefois, mais un dessin ne peut montrer qu'un seul aspect d'une sculpture et mes œuvres ont toujours des aspects multiples ; elles sont faites pour être vues sous des angles différents, sous des éclairages variés. » Pour Pevsner, la création de la forme doit avoir lieu d'emblée dans l'espace, par la construction d'une maquette. Cette conviction explique la défiance de Pevsner par rapport à toute notation graphique de ses constructions spatiales, notation qui ne pouvait selon lui que conduire à une mise à plat contraire à leur essence propre. Plus nombreux peut-être que ne l'affirmait Bernard Dorival lorsqu'il opposait, à juste titre, l'activité dispersée du sculpteur classique qui accumule les esquisses, les points de vue, à la concentration du processus créatif pevsnérien, quelques dessins témoignent cependant du défi attrayant que représentait pour Pevsner la tentative de décrire ou de transcrire graphiquement ses constructions. La qualité de ces dessins atteste la spécificité du regard de l'artiste sur sa création, et sa sensibilité parti-culière à certains de ses aspects : la technique des dessins de Pevsner – hachures, frottages de graphite et gommages – permet à l'artiste de restituer de manière saisissante les jeux de la lumière sur les surfaces, le rayonnisme spatial de son univers.

Sur les problèmes de datations

À l'exception de sa participation à l'exposition « Cubism and Abstract Art » au MoMA en 1936 et de son exposition personnelle au Musée national d'art moderne en 1956, Pevsner n'a jamais montré ses dessins, ce qui explique qu'il ait daté tardivement (et de manière parfois assez approximative) la plupart d'entre eux au moment de les signer. Quelques exemples, peu nombreux, d'erreurs flagrantes commises par Pevsner dans cet exercice ne doivent pas conduire à rejeter systématiquement ses datations, voire à considérer qu'il aurait volontai-rement antidaté ces œuvres graphiques, auxquelles il assignait une place effacée. Dans les notices suivantes, nous ne discuterons pas les dates indiquées par Pevsner, à moins, cas fort rare au demeurant, qu'elles ne soient totalement aberrantes.

22 Étude pour la «Composition, 1923», 1917

Dessin sur papier calque monté sur papier millimétrique
7,3 x 4,8 cm
Signé «Pevsner» en bas à gauche,
signé et daté «Pevsner/1917» en bas à droite sur le papier calque
AM 3246 D

Historique
Don de Virginie Pevsner en 1964

Expositions
Paris, 1964 ; Paris, 1974-1975

Bibliographie
Paris, cat. 1964, n° 20, cit. p. 49 ;
Dorival, Paris, 1965, cit. p. 13, 43, repr. pl. 47

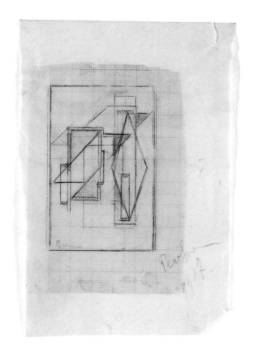

Cette étude pour la peinture conservée au Mnam est remarquablement précise : elle permet d'apprécier intimement l'assemblage des formes géométriques en jeu dans la composition, et sa logique constructive, issue du suprématisme – on peut penser, à titre de comparaison, aux compositions *Prooune*, de Lissitzky ou aux constructions axionométriques de Klucis.

La composition graphique repose sur l'équilibre entre un ensemble de losanges isomorphes couchés sur le côté, à gauche, et un losange dressé sur sa pointe, à droite, c'est-à-dire sur un équilibre entre formes dynamiques et statiques. Ces formes s'inscrivent sur un ensemble de cartouches verticaux qui diffractent la composition en la recomposant en une famille de triangles, en lui donnant à la fois une assise et un rythme. On peut remarquer également les traces d'autres lignes de force, comme, par exemple, celle que décrit la diagonale qui part du bas du losange dressé, vers la gauche. De multiples recherches de proportions apparaissent encore, indices du «réglage» de la composition. Ce dessin témoigne, avec ses accords complexes, de la maîtrise et de l'application de Pevsner dans l'élaboration de cette composition.

Il existe d'autres exemples d'études dessinées par Pevsner pour ses peintures. On peut en citer quelques-unes, qui ont été publiées dans le livre de Bernard Dorival consacré en 1965 aux dessins de Pevsner : *Pour une construction*, daté 1920 (Dorival, p. 50), qui se rapporte directement à un des deux reliefs publiés dans le catalogue de la galerie Percier en 1924 (ancienne coll. Jos Hessel, Peissi, n° 41) ; *Pour un haut-relief*, daté 1923 (Dorival, p. 51), qui est une étude pour *Relief carré*, daté 1922 (sic) (ancienne coll. Winston-Malbin, Peissi, n° 29) ; *La Naissance de l'Univers*, daté 1933 (Dorival, p. 68), étude pour la peinture *Naissance de l'Univers*, de la même date (Mnam) ; *Pour une construction dynamique*, daté 1937 (Dorival, p. 64), étude pour le *Tableau spatial* de 1944-1948 (Mnam) ; *Dessin pour la rencontre des planètes*, daté 1924 (Dorival, p. 60), étude pour la peinture du même titre, de 1961 (Mnam). On remarque dans ces deux derniers cas, et surtout le dernier, un écart important entre la date du dessin et celle de la composition picturale. L'*Étude pour la «Composition, 1923»* est datée 1917, ce qui constitue un écart déjà relativement conséquent dans ces années où s'élabore la pensée constructiviste, exprimée dans le *Manifeste réaliste* en 1920 – années où Pevsner, encore peintre, commence à s'intéresser au relief. Ces deux datations semblent également plausibles au vu de quelques autres œuvres de cette période, comme la *Composition* de 1917-1918 du Mnam, ou encore la *Tête de femme italienne*, datée 1915, mais sans doute plus tardive, du Kunstmuseum de Bâle, qui annonce directement les reliefs présentés par Pevsner à la galerie Percier en 1924.

P.B.

23 Sans titre, 1923.
Figure géométrique

Crayon graphite
sur papier Canson
34,2 x 30,4 cm
Signé et daté «Pevsner/1923»
vers le bas à droite
AM 1991-154

Historique
Achat en 1991

24 Sans titre, 1920.
Figure géométrique

Crayon graphite
sur carton fin bistre
37,2 x 25,8 cm
Signé et daté «Pevsner/1920»
en bas à droite
AM 1991-145

Historique
Achat en 1991

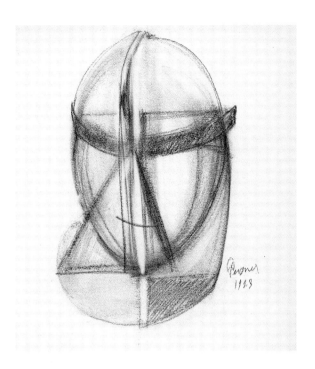

Au début des années 1920, Pevsner réalise en plastique, le plus souvent transparent, un ensemble de constructions figuratives : des bustes, des têtes, ou bien encore des masques, comme celui du Mnam.

La *Figure géométrique* de 1923 est tout à fait exemplaire de cette recherche. Ce dessin, très proche dans son agencement formel et dans son travail sur la transparence de la *Tête de femme* de 1923-1924 (Hirshhorn Museum and Sculpture Garden, Washington, détruite en 1992), peut être considéré comme une étude pour cette œuvre. On y retrouve en effet la même abstraction des formes : le front et le nez matérialisés par deux traits verticaux formant «gorge», les yeux représentés par une autre gorge, horizontale, elle, formant visière – par contre, un accent à la place de la bouche n'a pas été concrétisé dans la construction proprement dite, et les épaules ont été prolongées. On note aussi dans le dessin et la construction les mêmes rapports entre droites et courbes : par exemple, celui entre la diagonale qui dessine le cou, à gauche, et la courbe qui évoque la nuque, à droite, ou encore le rapport entre l'horizontale des sourcils et la courbe de la visière. L'utilisation virtuose du graphite, traits décidés et répétés, hachures, estompages, est remarquablement efficace dans sa visualisation des transparences et de la lumière pénétrant au cœur de l'œuvre. Dans un entretien avec Rosamond Bernier (*L'Œil*, nº 23, novembre 1956), Pevsner affirme à propos de ses premières constructions : «Mes recherches sur certaines lois de la perspective, les effets de profondeur et la séparation des plans, m'amenèrent à des constructions édifiées à l'aide de surfaces transparentes en matière plastique. Les projections étaient combinées de manière à briser la lumière et les ombres pour donner à l'œuvre des tonalités variées […]. [Gabo et moi] travaillions avec le vide, l'emprisonnant dans certains angles calculés afin de permettre la réunion des couleurs du spectre.» La croix qui structure la construction, et surtout le dessin, rappelle la croix suprématiste de Malévitch, croix à laquelle ce dernier donnera une nouvelle signification quelques années plus tard, au début des années 1930, en l'inscrivant, comme un stigmate, sur le visage de ses figures post-suprématistes.

La *Figure géométrique* de 1920 est nettement moins aboutie, nettement moins synthétique que la précédente. Ce dessin présente cependant l'intérêt de dévoiler la mise en place des différents plans constructifs. Les articulations sont là, dotées d'une présence quasi anatomique : on remarque en particulier le dessin de la nuque, qui ressemble à celui d'une colonne ou d'une tour. Par son aspect articulé, cette *Figure géométrique* peut être rapprochée de la *Tête inclinée* de 1921-1923 (localisation inconnue, probablement détruite).
P.B.

25 Sans titre, 1920.
Figure géométrique

Crayon graphite
sur carton fin bistre
31,8 x 41,9 cm
Signé et daté « A. Pevsner 1920 »
vers le bas à droite
AM 1991-144

Historique
Achat en 1991

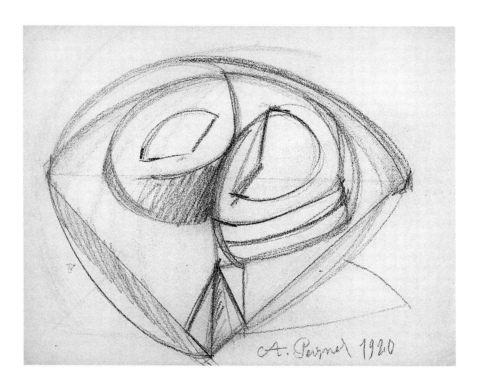

Formellement, ce dessin peut être rapproché de deux peintures figuratives, *Femme déguisée* (Mnam) et *Femme orientale* (localisation inconnue, Dorival, p. 30), ce qui suggère une réminiscence anthropomorphique. Il est pourtant rigoureusement non-figuratif et semble annoncer plutôt les premières constructions spatiales importantes de Pevsner : la *Construction en rond* de 1929-1930 (Elvehjem Museum of Art, Madison, États-Unis), ou encore la *Construction dans l'espace* du début des années 1930 (Mnam). La composition repose sur un jeu de symétries axiales, de rappels entre tensions rectilignes et circulaires. Aux deux formes en éventail déployé, qui suggèrent des ouvertures, répond, sur la moitié gauche de la feuille, un ordonnancement de lignes discrètes qui rythme l'espace et le sectorise. Le triangle, au premier plan, évoque un piédestal comme celui des constructions spatiales mentionnées ; on peut cependant aussi remarquer l'ébauche d'une autre base, nettement plus large, qui fait penser à celle de *Germe*, en 1949 (Mnam), une construction plus tardive.
P.B.

26 Étude pour
un haut-relief,
1926

Crayon sur papier calque
16 x 10 cm
Signé « 26 // Pevsner »
en bas à droite et daté
en bas à gauche
AM 3245 D

Historique
Don de Virginie Pevsner en 1964

Expositions
Paris, 1956-1957
Paris, 1964

Bibliographie
Paris, cat. 1956, n° 74, cit. p. 23 ; Paris,
cat. 1964, n° 23, cit. p. 49 ; Dorival,
1965, repr. pl. 61

27 Étude pour une
construction, 1925

Crayon sur papier calque
14,5 x 22 cm
Signé « Pevsner » en bas
à droite et sur le côté droit
et daté « 25 » en bas à gauche
AM 3247 D

Historique
Don de Virginie Pevsner en 1964

Expositions
Paris, 1956-1957
Paris, 1964

Bibliographie
Paris, cat. 1956, n° 69 ; Paris, cat.
1964, n° 22, cit. p. 49 ; Dorival, 1965,
repr. p. 67

À l'exposition du groupe Cercle et Carré, en 1930, Pevsner présente trois œuvres, dont deux reliefs : *Construction* (Phillips Collection, Washington) et *Construction dynamique* (collection particulière, Suisse).

Étude pour un haut-relief est une étude très précise des formes géométriques disposées dans cette *Construction dynamique*, et de leurs projections. Le fond de l'œuvre est ici uniformément noir, mais, sur le dessin, tout un ensemble de traits moins nets autorise à inscrire l'élaboration de ce haut-relief dans la logique des peintures-reliefs exposées à la galerie Percier en 1924, parmi lesquelles figurait la *Maquette* du Mnam.

L'interprétation du dessin *Pour une construction* est plus ambiguë, ses formes n'étant pas directement identifiables à celles d'une œuvre réalisée. La similitude entre ce dernier dessin et le précédent (technique, problématique et traitement) invite cependant à les examiner ensemble.

La structure écartelée, au premier plan de l'*Étude pour une construction*, ressemble à l'assemblage de cornières ou de croix inversées que l'on peut observer dans certaines « constructions dans l'espace » du début des années 1930, par exemple *Construction dans l'espace* (Mnam), ou bien *Croix ancrée* (coll. Peggy Guggenheim, Venise), et surtout *Construction dans l'espace (Projet pour une fontaine)* (Kunstmuseum, Bâle). Bernard Dorival a, pour sa part, rapproché

ce dessin de *Sens du mouvement d'une construction spatiale*, de 1956 (Mnam), une construction beaucoup plus tardive, dont la forme angulaire étirée présente, par-delà les années, une certaine parenté avec le dessin étudié. Si l'on s'attache uniquement à cette structure, deux éléments importants sont néanmoins omis : sur le côté gauche, une lentille de profil comme on en observe dans certaines peintures, par exemple *L'Œil*, de 1923 (The Museum of Modern Art, New York, Peissi n° 30), et, occupant tout l'arrière-plan du dessin, un rectangle qui rappelle les cadrages successifs dans des œuvres comme *Gamme rouge*, de 1922-1923 (Mnam) ou, mieux encore, la *Composition* de 1929 (Kunstmuseum, Bâle, Peissi n° 68). Malgré certains éléments formels semblables à ceux que l'on observe dans les constructions du début des années 1930, ce dessin est donc plutôt dans l'esprit de certaines compositions picturales. Un dernier indice, la signature sur le côté droit, invite cependant à lire ce dessin verticalement et à le considérer *in fine* comme une première étude pour la *Construction* de la Phillips Collection, un haut-relief inscrit sur un fond de rectangles, et dont les deux éléments essentiels sont une structure en pointe, avec ses tensions hyperboliques, et une lentille positionnée comme celle du dessin. D'autres éléments moins nets confirment cette hypothèse.
P.B.

28 Étude pour une construction, 1924

Crayon sur papier calque,
sur fond de papier
Canson chamois
12,5 x 16,5 cm
Signé en bas à droite
« À Pevsner » et daté « 24 »
en bas à gauche
AM 3244 D

Historique
Don de Virginie Pevsner en 1964

Expositions
Paris, 1956-1957
Paris, 1964

Bibliographie
Paris, cat. 1956, n° 67, cit. p. 23 ; Paris,
cat. 1964, n° 21, cit. p. 49 ; Dorival,
1965, cit. p. 41-42, repr. pl. 58

Ce dessin, dont la technique est semblable à celle des deux études précédentes (AM 3245 D, AM 3247 D), est tout à fait atypique, dans la mesure où il donne l'impression que la forme dessinée est destinée à être inscrite dans la masse, contrairement à toutes les constructions connues de Pevsner, à l'exception notable, peut-être, de la *Construction* (IVAM, Valence, Espagne) et de la *Projection dans l'espace* (ancienne coll. Pierre Peissi, localisation actuelle inconnue), toutes deux vers 1936.

Bernard Dorival rapproche ce dessin de deux autres études de 1924, intitulées *Pour une construction spatiale* (p. 57 et 59), qui sont dans l'esprit de la peinture *Rencontre des planètes*, de 1961 (Mnam), ainsi que de l'étude, également datée 1924, pour cette peinture (p. 60). Il pourrait effectivement s'agir d'une étude pour un motif pictural.

On peut, par ailleurs, voir dans le dessin du tore étiré et des rythmes circulaires qui s'inscrivent autour de lui, en bas à droite, une parenté avec certains motifs en arabesques et en ressacs de la composition *Tableau spatial*, de 1944-1948 (Mnam).
P.B.

29 Sans titre, 1920.
   Figure géométrique

Crayon graphite
sur papier Canson
32,4 x 27,2 cm
Signé et daté « A. Pevsner 1920 »
en bas à gauche
AM 1991-146

Historique
Achat en 1991

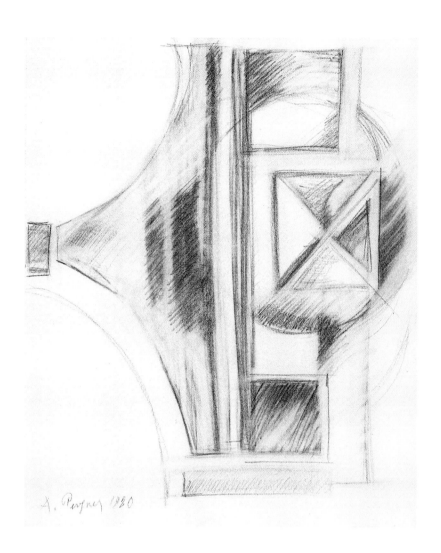

Dans ce dessin remarquablement travaillé, Pevsner a eu
recours aux hachures, et surtout au gommage, pour créer
des jeux de lumière qui garantissent la cohésion de la
composition, par ailleurs très hétérogène avec son jeu
complexe entre carrés, croix et portions de cercles. Malgré
l'intervention contradictoire de ces différents éléments, la
composition de Pevsner donne, grâce à sa présence architecturale, une grande impression d'équilibre : on remarque
en particulier le rôle de la verticale au milieu de la feuille et
celui du bloc rectangulaire horizontal en bas.
Ce dessin ne se rapporte pas directement à une œuvre
connue, mais certains éléments de la composition – arcs de
cercle et casier en croix – évoquent le *Bas-Relief en creux* de
1927 (The Washington University, Saint Louis, États-Unis),
une construction murale dont Bernard Dorival reproduit
une étude plus ressemblante (p. 45).
P.B.

30 Sans titre, 1920.
   Figure géométrique

Crayon graphite
sur carton fin bistre
34,4 x 31,8 cm
Signé et daté «Pevsner / 1920»
vers le milieu en bas
AM 1991-148

Historique
Achat en 1991

31 Sans titre, 1920.
   Figure géométrique

Crayon graphite
sur carton fin bistre
33,8 x 31,8 cm
Signé et daté «A. Pevsner / 1920»
en bas au milieu
AM 1991-147

Historique
Achat en 1991

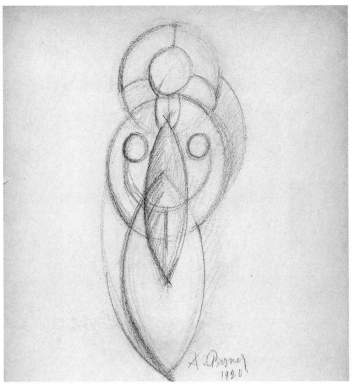

Contrairement à d'autres artistes de sa génération, Pevsner n'a pas fait de l'opposition abstraction-figuration une raison artistique, même tardivement. Il n'a pas nié la figure, et l'on sait, par exemple, que le point de départ de la *Construction en spirale* de 1944 (coll. particulière, Allemagne), dite aussi *Le Lis noir*, est le buste d'une femme chapeautée.

Dans cette série de dessins, Pevsner a composé à partir d'une famille de fuseaux le corps d'une femme, en jouant sur les ressacs d'un fuseau à l'autre pour ériger sa silhouette; d'autres dessins un peu plus tardifs représentant une chanteuse de cabaret sont construits selon le même principe (Elvehjem Museum of Art, Madison, États-Unis). Pevsner a aussi joué sur une métonymie formelle entre le corps et le visage, en composant avec les seins et les bras de la femme un masque. Ce côté presque grotesque peut surprendre de la part d'un artiste de réputation plutôt austère, d'autant plus qu'on pense à quelques œuvres de thématique semblable, mais d'univers complètement étrangers à celui de Pevsner, comme *Le Viol*, de Magritte,

Crayon graphite
sur carton fin bistre
31,8 x 34,7 cm
Signé et daté «Pevsner/1920»
vers le bas au milieu
AM 1991-149

Historique
Achat en 1991

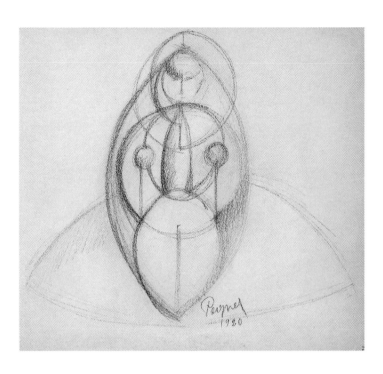

ou encore *Ein Antlitz auch des Leibes* («Un visage et aussi celui d'un corps») de Klee. Ces dessins de Pevsner s'inscriraient alors dans une veine personnelle précoce, dont témoignent le *Portrait d'un professeur de l'École des beaux-arts de Kiev*, une *Tête de nain* et un *Autoportrait* grimaçant, trois dessins des années 1908-1910, reproduits par Bernard Dorival (p. 14, 15, 24). La forme fuselée des corps rappelle aussi, de manière peut-être plus essentielle, la silhouette émaciée des saints dans l'iconographie médiévale russe.

La robe de la dernière figure (AM 1991-149), sorte de crinoline représentée par un fuseau couché, rappelle l'ébauche de socle dans le dessin *Figure géométrique* de 1920 (AM 1991-144), et justifie pour ce dessin l'hypothèse avancée d'une inspiration figurative.

À l'arrière-plan de la première *Figure géométrique*, de 1920 (AM 1991-148), une silhouette de tour Eiffel flanque la figure féminine; deux constructions sont côte à côte: une colonne, et une tour éminemment constructiviste, élancée comme un corps, charpentée comme une nuque. Dans son entretien avec Rosamond Bernier (*L'Œil*, n° 23, novembre

1956), Pevsner s'exclame: «À mon arrivée à Paris [en 1911, N.d.A.], j'ai été très impressionné par la tour Eiffel; au fond, l'ingénieur Eiffel a été le premier constructiviste!» Pierre Peissi a témoigné également de l'enthousiasme de Pevsner pour la tour Eiffel (Peissi, p. 138). Dans ce dernier dessin, où la «figure» est plus épurée, plus resserrée, Pevsner a créé, avec la présence de la tour mais aussi celle de son «écho», et les renvois entre elles, d'autres rythmes, qui répondent à l'arrangement en rosace des arcs de cercle au niveau de la tête.

La réunion de ces trois *Figures géométriques* est représentative de la recherche par Pevsner, par ajustements successifs, des équilibres primordiaux pour lui, qui régissent le motif de la figure dressée. Par la suite, à partir du même motif, préoccupé des mêmes problèmes formels, Pevsner a réalisé d'autres dessins (AM 1991-152 et AM 1991-153), qui témoignent d'une inscription plus plastique de ces problématiques.

P.B.

33 Sans titre, 1923.
   Figure géométrique

Crayon graphite
sur papier Canson
39,9 x 26,8 cm
Signé et daté «Pevsner 1923»
en bas au milieu
AM 1991-152

Historique
Achat en 1991

34 Sans titre, 1923.
   Figure géométrique

Crayon graphite
sur papier Canson
40 x 27,2 cm
Signé et daté «Pevsner / 1923»
en bas vers le milieu
AM 1991-153

Historique
Achat en 1991

Expositions
Dijon, 1994

La pose et le cadrage de la figure féminine représentée dans ces deux dessins rappellent deux constructions des années 1920 : *Torse*, de 1924-1926 (The Museum of Modern Art, New York), et *Figure*, de 1925 (anciennes coll. Tzara puis Winston-Malbin, localisation actuelle inconnue); ils sont ceux de certaines Vénus archaïques, de certaines Aphrodite pudiques. Ce thème est récurrent pour Pevsner dans ces années : la sculpture de Pevsner installée dans la scénographie du ballet *La Chatte*, qu'il a conçue avec Gabo en 1927, est d'ailleurs une effigie de la déesse, opportunément présente dans l'argument du spectacle.

Dans le premier dessin (AM 1991-152), le torse et le ventre de la femme peuvent être vus comme un masque en creux, à l'éclairage contrasté. Comme dans les trois *Figures géométriques* datées de 1920 (AM 1991-148, AM 1991-147 et AM 1991-149), Pevsner s'est plu à établir un rapport formel entre le corps et le visage, mais ici de manière plus profonde. L'attention de l'artiste s'est portée avant tout sur les jeux d'ombre et de lumière : les ombres sur les cuisses suggèrent un éclairage venant de la droite, alors que sur le buste et sur le ventre il semble venir de gauche. Cette combinaison donne à la figure un effet de torsion,

déjà déterminé par la position des jambes, pudiquement croisées, et que porte à son terme le visage tourné vers la gauche, dont la chevelure répond admirablement à la courbe des bras, au galbe des cuisses. On remarque la finesse des gommages circulaires qui rythment cette figure.

Dans le second dessin (AM 1991-153) également, Pevsner a travaillé les contrastes et les a rendus par des gommages cette fois-ci rectilignes. Ici, la figure est structurée par les angles plutôt que par les cercles : un triangle construit la forme du torse, tandis qu'une étoile à trois pointes signifie la colonne vertébrale et les hanches. Les courbes se rattachent à la charpente angulaire, à cette structure qui définit le corps en même temps qu'elle le dématérialise. À cet égard, la lumière qui souligne la pointe verticale correspondant à la colonne vertébrale et celle qui redessine en biais le triangle du buste vont au cœur même de la structure. Cette manière d'associer volutes et formes étoilées n'est pas sans évoquer la syntaxe formelle développée par Itten et ses élèves à peu près à la même époque.

P.B.

35 Sans titre, 1925.
Figure

Crayon graphite
sur papier Canson
30,5 x 20,5 cm
Signé et daté «Pevsner/1925»
en bas à gauche
AM 1991-155

Historique
Achat en 1991

36 Sans titre, 1925.
Visage

Crayon graphite
sur papier Canson
25,2 x 19,4 cm
Signé daté «A. Pevsner/1925»
en bas au milieu
AM 1991-158

Historique
Achat en 1991

Bibliographie
Subotic, 1995, cit. p. 184, repr. p. 183

Ces deux dessins représentent des visages inscrits dans la forme d'une mandorle. Dans les années 1920, Pevsner a été très attaché à ce motif, qui témoigne de son intérêt initial pour la figure, voire pour l'icône.

À ce propos, Pevsner a confié à Rosamond Bernier l'importance de l'art byzantin et des icônes primitives russes dans sa formation (*L'Œil*, n° 23, novembre 1956). Pevsner racontait souvent son expérience déterminante de la perspective renversée, à Novgorod, devant une icône représentant le Christ tenant la Bible : les yeux de Jésus semblaient s'ouvrir ou se fermer, comme le livre, selon la position du spectateur, et Pevsner comprit alors que ce phénomène «était dû à l'emploi de la perspective renversée». Dans le même entretien avec Rosamond Bernier, Pevsner ajoute à propos de cette découverte primordiale pour son art : «Les primitifs [...] produisaient l'impression d'espace grâce à cette perspective renversée. Cet emploi de surfaces tantôt fuyantes, tantôt saillantes, ces formes qui paraissent tantôt ouvertes, tantôt fermées, allaient devenir plus tard un aspect essentiel de mon œuvre.»

Le premier dessin (AM 1991-155) illustre bien, avec son trait marqué, le travail de Pevsner sur les «formes qui paraissent tantôt ouvertes, tantôt fermées», particulièrement évident, dans ce dessin, pour les yeux et pour la bouche, entre l'œil droit et l'œil gauche, entre la lippe fermée, dédaigneuse, et la bouche ouverte, étonnée. On remarque aussi le rapport entre la pointe relevée du menton et les courbes rentrées des pommettes et du front. En réponse à la frange dessinée à gauche, Pevsner a ébauché le tracé d'un cou, sortant du cadre strict de la mandorle.

Dans le second dessin (AM 1991-158), plus concentré, plus mystérieux, les mêmes éléments du visage sont accentués, mais de manière très différente : arcades sourcilières, pommettes et menton semblent surgir de la pénombre et dessinent deux croix en biais, superposées sur la verticale qui marque la symétrie du visage.

Le rapprochement de ces deux dessins permet d'apprécier l'évolution significative de Pevsner vers l'abstraction, par l'évanescence du motif et de ses traits distinctifs. On observe aussi l'apparition d'un rayonnisme spatial caractéristique, qui préfigure, avec ses jeux d'ombre et de lumière, le travail des constructions en «tiges soudées» des années 1940 et 1950.

P.B.

37 Sans titre, 1920.
Tête de femme

Crayon graphite
sur carton fin crème
34,2 x 30,4 cm
Signé et daté «A. Pevsner/1920»
en bas à gauche
AM 1991-142

Historique
Achat en 1991

Expositions
Paris, 1994 ; Nîmes, 1998

38 Sans titre, 1923.
Femme

Crayon graphite
sur papier Canson
34,4 x 30,4 cm
Signé et daté «Pevsner/1923»
vers le bas à gauche
AM 1991-150

Historique
Achat en 1991

39 Sans titre, 1923.
Tête d'homme

Crayon graphite
sur papier Canson
34,2 x 30,4 cm
Signé et daté
«Antoine/Pevsner/1923»
en bas à gauche
AM 1991-151

Historique
Achat en 1991

Expositions
Paris, 1994 ; Taipei, 1996-1997 ; Nîmes,
1998

Bibliographie
Taipei, cat. 1996, n° 64, cit. p. 82, 108

Dans ces trois dessins à l'aspect métallique, dû au travail très plastique du graphite, Pevsner donne une représentation de la figure humaine comme archétype, loin de toute incarnation particulière. D'apparence fort peu naturelle, *Tête de femme* et *Tête d'homme* rappellent par leur forme les masques bombés de Schlemmer : à la fois étranges et familières, elles inspirent un sentiment identique d'inquiétude.

Dans ces visages ronds, gonflés, Pevsner a soigné la forme estompée du menton, le tracé délicat du nez et des narines, et surtout l'expression du regard. L'œil s'enfonce dans l'obscurité de son orbite, quelques coups de gomme précis lui donnent un aspect diamanté, dans l'esprit de Vroubel, et l'animent d'une lumière ténue.

Dans le dessin *Femme*, Pevsner a représenté la figure de profil, mais seules la joue et la chevelure apparaissent. Le dessin est remarquablement épuré : quelques traits pour dessiner la tête, le col et les épaules, quelques frottages pour créer la masse des cheveux et ombrer le buste et le cou. La forme et le traitement des épaules évoquent la *Projection dans l'espace*, de 1938-1939 (coll. particulière, Suisse, Peissi n° 86), dont il existe des études, très proches de cette charpente arc-boutée (Elvehjem Museum of Art, Madison). P.B.

Crayon graphite
sur carton fin bistre
32,8 x 31,7 cm
Signé et daté « A. Pevsner / 1920 »
vers le milieu à droite
AM 1991-143

Historique
Achat en 1991

Bibliographie
Subotic, 1995, cit. p. 182, repr. n° 82
p. 183

En géométrisant ce visage de femme de manière extrême, voire excessive, Pevsner s'est attaché à synthétiser la dynamique propre à un visage qui se tourne et se détourne. La forme de la tête, parfaitement circulaire et sans doute reportée d'un contour matériel, rappelle les dessins *Tête de femme* et *Tête d'homme* (AM 1991-142 et AM 1991-151), mais le dessin est ici au trait, et ses fines hachures n'ont pas la densité des aplats de graphite dans ces deux dessins.

Le mouvement de la mèche est parfaitement équilibré par le rapport statique entre la forme de la frange sur le front et celle du col. Le dessin de l'œil, d'une grande finesse, présente une analogie avec certaines arabesques du *Tableau spatial* de 1944-1948 (Mnam).

P.B.

41 Sans titre, 1920.
   Tête de femme

Crayon graphite
sur carton fin bistre
32 x 31,9 cm
Signé et daté «Pevsner 1920»
au milieu en bas
AM 1991-140

Historique
Achat en 1991

Expositions
Paris, 1994 ; Nîmes, 1998 ; Paris, 2000

42 Sans titre, 1920.
   Tête de femme

Crayon graphite
sur carton fin bistre
31,8 x 32,2 cm
Signé et daté «Pevsner / 1920»
en bas à gauche
AM 1991-141

Historique
Achat en 1991

Expositions
Paris, 1994 ; Taipei, 1996-1997 ;
Nîmes, 1998

Bibliographie
Taipei, cat. 1996, n° 65, cit. p. 82, 108

Dans ces deux dessins, Pevsner a construit la figure en insistant sur le rapport entre la forme oblongue du visage et l'assise architecturale des épaules. Il a aussi insisté sur les yeux, et concentré l'énergie du dessin sur le regard. L'œil, par ailleurs titre d'une peinture des années 1920 (MoMA, New York), est un thème récurrent dans l'œuvre de Pevsner, qui a d'ailleurs raconté à plusieurs reprises sa découverte de la perspective renversée devant une icône dont les yeux semblaient s'ouvrir ou se fermer selon la position du spectateur, expérience primordiale à l'origine, selon l'artiste, d'«un aspect essentiel de [son] œuvre»: l'utilisation des surfaces développables, surfaces qui paraissent, selon les points de vue, déployées ou repliées sur elles-mêmes, en relief ou en creux.
Dans le premier dessin (AM 1991-140), le visage légèrement de biais se construit selon des zones de lumière : les deux orbites circulaires percent le visage et séparent le front,

constitué de deux lobes symétriques, du reste du visage, les joues et le menton formant presque un cercle. La forme du visage semble inspirée de celle d'un casque grec, voire d'un cœur, avec ses ventricules et ses oreillettes.
Dans le second (AM 1991-141), le visage est presque de profil, déformé par la perspective. Il s'inscrit dans une forme de mandorle, tandis que celle du crâne, comme emmailloté, est soulignée par des coups de crayon énergiques. L'œil droit, beaucoup plus grand que le gauche et traité très différemment, mange le visage et lui donne une présence hallucinée. L'arcade sourcilière et le nez sont dessinés d'un seul trait, dont le prolongement coupe le visage en deux parties dissymétriques. Le dessin de l'arrière de la tête rappelle la coiffe de la femme dans la peinture *Carnaval*, de 1915 (galerie Trétiakov, Moscou, Peissi n° 11).
P.B.

43 Sans titre, 1925.
   Figure géométrique

Crayon graphite
sur papier Canson
30,5 x 20,5 cm
Signé et daté «Pevsner / 1925»
en bas à droite
AM 1991-157

Historique
Achat en 1991

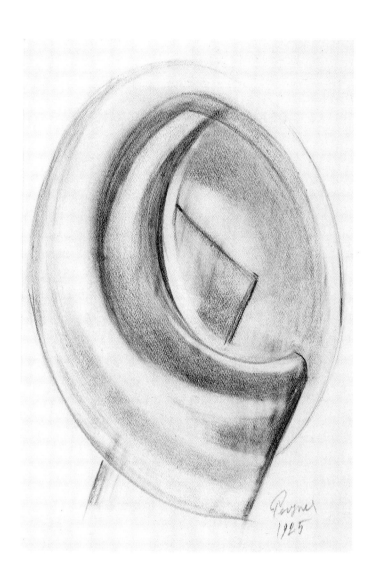

La forme d'un mouvement elliptique arrêté net apparaît de manière récurrente tout au long de l'œuvre de Pevsner. Elle combine angle et courbe, statique et dynamique. C'est la forme d'une nuque ou d'une coiffure, à partir de laquelle se construit un visage ; c'est souvent la forme que prend, avec ses rythmes et sa lumière propres, l'espace autour du Vide générateur.

À l'intérieur de l'enveloppe elliptique, un angle se détache, dont on trouve un «écho» à l'extérieur de la même enveloppe ; cet angle contenu établit un dialogue avec l'élan en spirale qui caractérise l'ensemble de la composition. Un tel assemblage de formes suggère de manière évidente un rapprochement avec *Construction dans l'œuf*, de 1948 (Albright-Knox Art Gallery, Buffalo, États-Unis), et avec les quatre études pour cette œuvre conservées au Mnam (AM 1991-156, AM 1991-159, AM 1991-160, AM 1991-161).

Ce dessin évoque aussi certaines constructions de la fin des années 1930 comme *Projection dans l'espace* (ancienne coll. Pierre Peissi, localisation actuelle inconnue), ou encore *Surface développable* (Kunstmuseum, Bâle). On ne peut néanmoins le considérer comme une étude proprement dite pour une œuvre connue. P.B.

44 Sans titre, 1925.
   Figure géométrique

Crayon graphite
sur papier Canson
29 x 19,3 cm
Signé et daté «Pevsner 1925»
en bas à gauche
AM 1991-161

Historique
Achat en 1991

Expositions
Dijon, 1994

45 Sans titre, 1925.
   Figure géométrique

Crayon graphite
sur papier Canson
28,2 x 18,7 cm
Signé et daté «Pevsner / 1925»
en bas à gauche
AM 1991-159

Historique
Achat en 1991

Ces quatre dessins ne datent certainement pas de 1925, comme Pevsner l'a indiqué, car ils se rapportent directement à la *Construction dans l'œuf*, de 1948 (Albright-Knox Art Gallery, Buffalo, États-Unis).

Pevsner a parfois dessiné certaines de ses constructions, après achèvement ou encore en cours de réalisation, pour évaluer les effets rayonnistes qu'il souhaitait créer, pour imaginer la progression de la lumière dans les profondeurs de l'œuvre. L'ensemble de ces quatre études d'après la *Construction dans l'œuf* est exemplaire de cette pratique. L'artiste a représenté sa construction de biais, selon le même point de vue, et il en a fait savamment varier l'éclairage, soulignant d'un dessin à l'autre des aspects complémentaires de la construction. Il s'est en particulier attaché à rendre la lumière glissant le long des tiges métalliques et éclairant son intérieur même.

Dans la dernière phase de l'œuvre de Pevsner, celle des «tiges soudées», ses constructions développent souvent une présence organique, mais les quatre dessins pour la *Construction dans l'œuf* permettent d'apprécier encore les rapports géométriques, exacts et variés, entre courbes et angles, entre lobes et ressacs. Les formes construites les unes par rapport aux autres, articulées entre elles, donnent l'impression que la forme principale ovoïde s'ouvre et se déploie en prenant appui sur les autres formes, qu'elle recèle et circonscrit.

Deux autres dessins d'après cette construction, vue de dos et de biais, sont conservés dans les collections de l'Elvehjem Museum of Art (Madison).
P.B.

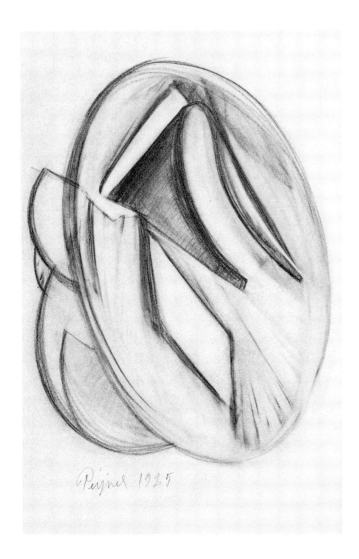

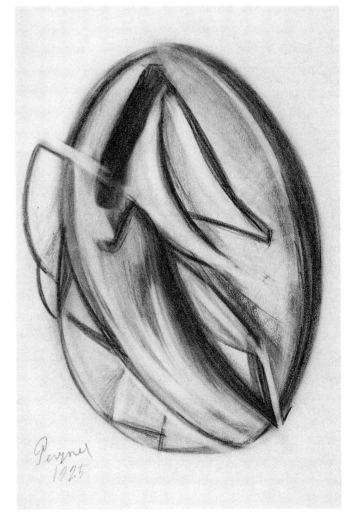

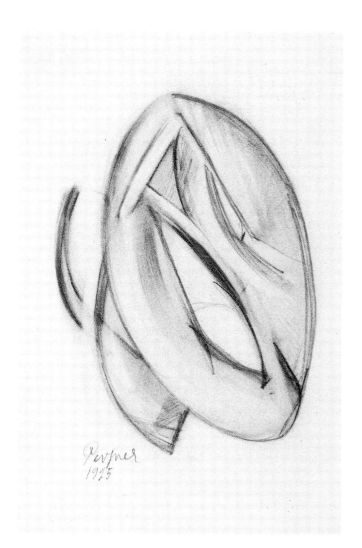

NOTICE BIOGRAPHIQUE[1]

1. Actualisée selon les dernières recherches communiquées par Dmytro Horbatchov, de Kiev, publiées dans le bulletin de l'AAAP, n° 2, printemps 1997, p. 1-9.
2. Mady Ménier, « Aux pieds de la tour Eiffel… », *Pevsner, colloque…* 1992, Paris, Art Éditions, 1995, p. 59.

1884

Naissance à Klimovitchi, dans le district de Mstislavl, en Biélorussie, le 18 janvier (30 janvier de notre calendrier) de Natan Abramovitch ou Berkovitch (fils d'Abraham/Berk) Pevsner. Le père est directeur d'une usine de métaux.

1902-1909

École d'art à Kiev, qu'il finit le 30 juin. En septembre, entre à l'Académie des beaux-arts de Saint-Pétersbourg, mais n'y reste que pendant les trois mois d'essai institués pour les Juifs acceptés en plus du numerus clausus de 3 %.

1910

Le 26 août, reçoit de l'École d'art de Kiev une attestation de « professeur de dessin et de dessin technique dans les établissements d'enseignement secondaire ». Dans cette même période, il découvre dans un monastère une icône très ancienne, qui marquera sa création. C'est aussi l'époque où il voit les œuvres impressionnistes et fauves des collections de Morozov et de Chtchoukine, à Moscou.

1911-1913

Séjour à Paris, où il fréquente son compatriote de Kiev, Archipenko. Il fait connaissance avec Modigliani et Duchamp. En 1912, il visite le Salon des indépendants, « où il fut plus intéressé que conquis par le cubisme, mais […] émerveillé par la tour Eiffel[2]… »

1914

Vit à Moscou. Au début de la Première Guerre mondiale, il part à Copenhague.

1915-1916

Habite à Christiania (Oslo, Norvège) avec ses frères, Naoum et Alexeï. Les deux frères travaillent dans un style cubo-futuriste ; Gabo réalise ses premières sculptures.

1917-1918

En août, les trois frères Pevsner retournent à Moscou après la Révolution de février. Antoine Pevsner enseigne la peinture à l'École de peinture, sculpture et architecture, qui se transforme en seconds Ateliers libres (Svomas). Participe à l'exposition de « Tableaux du syndicat des artistes de Moscou » (26 mai-12 juin 1918).

1919

Participe à la cinquième Exposition nationale de tableaux au Musée des arts plastiques de Moscou, aux côtés de Kandinsky, Klioune, Lioubov Popova, Rodtchenko, Varvara Stépanova, Nadejda Oudaltsova…
À l'automne, il se charge de la direction de l'atelier Svomas de Malévitch, parti pour Vitebsk.

1920

En janvier, Pevsner figure sur la liste des membres du Soviet des maîtres-ouvriers-peintres, qui précède la création de l'Institut de la culture artistique (Inkhouk) de Moscou en mars 1920.
En été, Pevsner épouse Virginia Stépanovna Voïnova, qui commençait une carrière de cantatrice et évoluait dans le milieu futuriste (Maïakovski, Kamienski…).
Le 5 août, Gabo et Pevsner lancent à Moscou le *Manifeste réaliste* en même temps que l'« Exposition des peintures de Natan Pevsner, des sculptures de Naoum Gabo et de l'école de Pevsner. Gustav Klucis », organisée en plein air, sur le boulevard Tverskoï. C'est le point de départ du constructivisme soviétique.

1920-1923

Pevsner dirige un atelier de peinture aux Vkhoutemas (Ateliers supérieurs d'art et de technique), la nouvelle « Académie » russe des Beaux-Arts. Dans son atelier ont lieu des répétitions théâtrales.

1922

En automne, Pevsner participe à la « Erste Russische Kunstausstellung » à la galerie Van Diemen de Berlin.

1923

Le 7 janvier, Pevsner quitte Moscou pour Berlin.
Le 14 octobre, il s'installe à Paris, où il résidera jusqu'à sa mort.

1924

En juin-juillet, l'exposition « Constructivistes russes. Gabo et Pevsner. Peintures, constructions » est présentée à la galerie Percier à Paris (préface de Waldemar George).

1925

Pevsner expose au 36e Salon des indépendants (21 mars-3 mai).

1926

Il expose aux côtés de Gabo et Théo Van Doesburg à la Little Review Gallery de New York, puis au Salon d'automne. Exécute, sur une commande de Katherine Dreier, le *Portrait de Marcel Duchamp* (Yale University Art Gallery, New Haven).

1927

En début d'année, Pevsner crée avec Gabo la scénographie du ballet d'Henri Sauguet *La Chatte* pour les Ballets russes de Diaghilev.

1930

Pevsner participe à l'Exposition « Cercle et carré ». Il est naturalisé français.

1931

Fait partie du groupe Abstraction-Création aux côtés de Herbin, Kupka, Mondrian…

1934

Création de la *Construction pour un aéroport*, bronze, cristal et matière plastique (Musée du xxe siècle, Vienne) et de la *Croix ancrée*, haut-relief en cuivre, marbre et cristal (Fondation Peggy Guggenheim, Venise).

1934-1936

Participation à des expositions à Amsterdam (Stedelijk Museum), Bâle (Kunstmuseum), New York (Museum of Modern Art), Londres (Peggy Guggenheim Gallery), Chicago (Chicago Club), Brooklyn (New Forms of Art).

1938

Il rend visite à son frère, Naoum Gabo, à Londres.

1939

Participation à l'exposition « Renaissance plastique », organisée par Ivanoé Rambosson et Frédo-Sidès à la galerie Charpentier, à Paris.

1945

Expose avec le groupe Art concret à la galerie René Drouin, à Paris.

1946

Frédo-Sidès, Herbin, Gleizes, Pevsner et quelques autres fondent le groupe Réalités nouvelles et organisent son premier Salon. Pevsner participe avec Sonia Delaunay, Herbin, Kandinsky, Magnelli à l'exposition « Art concret » à la galerie René Drouin.

1947

Exposition personnelle à la galerie René Drouin. Le catalogue contient des textes de Duchamp, Katherine Dreier, Carola Giedion-Welcker, Le Corbusier et Drouin.
Publication dans le premier numéro des *Réalités nouvelles* d'« Extraits d'une lettre de Gabo et d'Anton Pevsner » (p. 63-64), où l'art des deux artistes est placé sous le signe du « réalisme constructeur » :
« 1 - L'art doit se fonder sur l'espace et le temps. 2 - Le volume n'est pas la seule expression spatiale.
3 - Les éléments cinétiques et dynamiques expriment le temps réel.
4 - L'art n'est pas reproduction mais création. »

1948

Exposition « Gabo-Pevsner » au Museum of Modern Art, à New York.

1949

Exposition « Antoine Pevsner, Max Bill, Georges Vantongerloo » au Kunsthaus, à Zurich.

1950

Le Venezuela acquiert une sculpture qui sera érigée à la Cité universitaire de Caracas.

1951

Participe à l'exposition « Battersea Park », à Londres.

1952

Participe, avec *Projection dynamique au 30° degré* (Mnam, Paris, 1950-1951), à l'exposition « Chefs-d'œuvre du xxe siècle », qui se tient successivement au musée d'Art moderne, à Paris, et à la Tate Gallery.

1953

Obtient un Second Grand Prix au Concours international de sculpture organisé par l'Institute of Contemporary Arts à Londres sur le thème du Monument pour le prisonnier politique inconnu, avec son projet intitulé *Monument symbolisant la libération de l'esprit*.

1954

Reçoit une haute distinction honorifique à la Xe Triennale de Milan et participe à l'exposition « Sept pionniers de la sculpture moderne : Arp, Brancusi, Chauvin, Duchamp-Villon, Gonzalez, Laurens, Pevsner » à l'hôtel de ville d'Yverdon (Suisse), exposition qui itinérera à Zurich.

1955

La General Motors acquiert une version monumentale de *La Colonne de la Victoire*, qui est érigée à l'Institut de recherches scientifiques de Detroit. L'architecte Saarinen fixe le programme d'exécution.

1956

Participation aux expositions :
« L'art international du xxe siècle », à Cassel, « Les sources de l'art contemporain » (Stedelijk Museum), à Amsterdam, puis à Leverkusen.
Il est élu vice-président du Salon des Réalités nouvelles, dont il devient peu après président honoraire.

1956-1957

Exposition « Antoine Pevsner » au Musée national d'art moderne, à Paris. Le catalogue comporte une présentation de Jean Cassou.

1958

Participe en tant qu'invité, avec un ensemble de quatorze sculptures, à la 29e Biennale de Venise. Prend part à l'Exposition de sculptures d'Anvers et à l'Exposition universelle de Bruxelles, où il reçoit une haute distinction honorifique.

1961

La France le fait chevalier de la Légion d'honneur.

1962

Pevsner meurt à Paris le 12 avril. Il est inhumé au cimetière russe de Sainte-Geneviève-des-Bois, où sa veuve, Virginie Pevsner, fait ériger sa dernière sculpture, *Dernier Élan*.

BIBLIOGRAPHIE

Écrits d'Antoine Pevsner

« Auszug aus einem Brief von Gabo und Pevner », *Das Werk*, août 1938.

« Espaces », *Réalités nouvelles*, n° 4, 1950, p. 12.

« Messages de la sculpture », *XXe Siècle*, n° 1, 1951.

« Témoignage sur l'espace », *XXe Siècle*, n° 2, 1952, p. 78-80.

« New Concepts in Collecting Modern Art », catalogue de l'exposition « Collecting modern art : Paintings, Sculptures and Drawings from the Collection of Mr and Mrs Harry Lewis Winston », Detroit, 1957, Richmond, 1957-1958, San Francisco, 1958, Milwaukee, 1958, *The Detroit Art*, 1957, p. 29.

« La science tue la poésie », *XXe Siècle*, n° 12, mai-juin 1959, p. 13.

Écrits sur Antoine Pevsner

Adelmann, Marianne, Conil-Lacoste, Michel, *Europäische Plastik der Gegenwart*, Stuttgart, H. E. Günther, 1966.

Alvard, Julien, Gindertael, R.V., « Témoignages pour l'art abstrait », *Art d'aujourd'hui*, 1952, p. 213.

Anonyme, « Pevsner face au vide », *Les Nouvelles littéraires*, Paris, 20 février 1964.

Arnason, H. H., *History of Modern Art : Painting, Sculpture, Architecture*, New York, H. N. Abrams, 1968.

Baer, B. M., « Les grands courants initiaux de l'art non-figuratif », *L'Âge nouveau*, n° 91, 1955, p. 33-48.

Barbier, Nicole, *Art concret*, Paris, galerie Drouin, 1945.

- « La salle Pevsner au palais de Tokyo », Jean-Claude Marcadé (dir.), *Colloque international Antoine Pevsner*, Paris, Art Édition, 1995, p. 236-241.

Barilli, Renato, *La Scultura del novecento*, Milan, Fratelli Fabbri, 1968.

Barotte, René, « Pevsner a découvert qu'en sculpture le vide compte davantage que le plein », *L'Intransigeant*, 25 décembre 1956.

- « Au Musée d'art moderne, Pevsner, sculpteur constructiviste », *Plaisir de France*, janvier 1957.

Barr, Alfred H. Jr., *Cubism and Abstract Art*, New York, The Museum of Modern Art, 1936.

- *Masters of Modern Art*, New York, The Museum of Modern Art, 1954.

Beaumont, Cyril W., *Complete Books of Ballets*, Londres, Putnam, 1937, p. 972-973.

Bernier, Rosamond (interview par), « Propos d'un sculpteur », *L'Œil*, n° 23, novembre 1956.

Bill, Max A., « Pevsner zum 60. Geburtstag », *Das Werk*, n° 34, Bâle, 1947.

Bloc, André, « La sculpture abstraite en France », *Spazio*, n° 6, 1951-1952, p. 13-20.

Bordier, Roger, « L'Art et la technique : Herbin, Poliakoff et Pevsner. L'espace malléable de Pevsner », *Art d'aujourd'hui*, n° 8, décembre 1953, p. 24-25.

Boudaille, Georges, « Au Musée d'art moderne : Antoine Pevsner », *Les Lettres françaises*, 27 décembre 1956.

Boullier, Renée, « Au Musée d'Art Moderne. La nouvelle salle Pevsner », *Aux écoutes* (Paris), 7 février 1964.

Bowlt, John E., *L'Avant-Garde russe et la scène…*, Paris, Plume, 1998.

- *Russian Art of the Avant-Garde. Theory and Criticism 1902-1934*, New York, Viking Press, 1976.

- « L'enseignement artistique à Saint-Pétersbourg et à Moscou pendant les années de formation d'Antoine Pevsner », Jean-Claude Marcadé (dir.), *Colloque international Antoine Pevsner*, Paris, Art Édition, 1995, p. 40-57.

Breuning, Margaret, « Sculptured Celebration at Modern Museum », *Arts Magazine*, 1948, mars, n° 11, p. 14.

Brion, Marcel, *Art abstrait*, Paris, Albin Michel, 1956.

Brullé, Pierre, Lebon, Elisabeth, *Antoine Pevsner. Catalogue raisonné des sculptures*, Paris, P. Brullé, 2001.

Buache, Freddy, Guéguen, Pierre, « Exposition d'Yverdon », *Art d'aujourd'hui*, t. V, n° 4-5, 1954, p. 38-43.

Burnham, Jack, *Beyond Modern Sculpture*, New York, G. Braziller, 1969.

Butler, Barbara, « Antoine Pevsner in Paris », *Arts*, n° 5, février 1957, p. 25.

Cartier, Jean-Albert, « Antoine Pevsner au Musée d'art moderne », *Combat*, 24 décembre 1956.

- « La salle Pevsner au Mnam », *Combat*, 12 février 1964.

Cassou, Jean, préface du catalogue de l'exposition *Antoine Pevsner*, Musée national d'art moderne (21 décembre 1956-10 mars 1957), Paris, Éditions des Musées nationaux, 1956.

- Préface de René Massat, *Antoine Pevsner et le constructivisme*, Paris, Caractères, 1956.

Causey, Andrew, *Sculpture since 1945*, Oxford, Oxford University Press, 1998, p. 46.

Chanin, Abraham, « Antoine Pevsner », *Naum Gabo, Antoine Pevsner*, New York, The Museum of Modern Art, 1948, p. 51-57.

Chantelou, « Au gré des ventes. Ce que la médiocratie ne parvient pas à masquer », *Le Monde*, 15 août 1974.

Chevalier, Denys, « Antoine Pevsner, sculpteur de la méthode », *Arts*, 8 janvier 1957.

Choay, Françoise, « Espace et sculpture : Antoine Pevsner », *France Observateur*, 3 janvier 1957, p. 29.

- « La XXIXe Biennale de Venise », *L'Œil*, n° 45, 1958, p. 29-35.

Cogniat, Raymond, « Pevsner : rigueur et beauté au Musée d'art moderne », *Le Figaro*, 28 décembre 1956.

Crespelle, J.-P., « Pevsner sculpte avec une lampe à souder », *Journal du dimanche*, 6 janvier 1957.

Dabrowski, Magdalena, « Antoine Pevsner et la tradition cubiste », Jean-Claude Marcadé (dir.), *Colloque international Antoine Pevsner*, Paris, Art Édition, 1995, p. 146-153.

Degand, L., « L'espace des arts plastiques », *Art d'aujourd'hui*, n° 5, avril-mai 1951.

Delevoy, R. L., *Dimensions du xxe siècle. 1900-1945*, Genève, Skira, 1965.

Delloye, « Pevsner et la crise de la sculpture occidentale », *Aujourd'hui*, n° 10/11, novembre 1956, p. 4 -9.

- « La Biennale d'art de Venise », *Aujourd'hui*, n° 19, 1958, p. 44-51.

Descargues, Pierre, Massat, René, « Le Salon des Réalités nouvelles », *Arts*, 25 juillet 1947.

Dorfles, Gillo, « Cinquant'anni d'arte moderna a Bruxelles », *Domus*, n° 344, 1958, p. 21-26.

- « La scultura straniera alla Biennale », *Domus*, n° 347, p. 30-34.

Dorival, Bernard, « Exposition Pevsner », *La Revue des arts*, 1957, n° 1, p. 45.

- « Panorama sommaire de la sculpture française contemporaine », *Revue de Paris*, décembre 1958, p. 107-118.

- *L'École de Paris au Musée national d'art moderne*, Paris, A. Somogy, 1961.

- *Le Dessin dans l'œuvre d'Antoine Pevsner*, Paris, Prisme, 1965.

- *Antoine Pevsner*, Milan, Fratelli Fabbri, coll. « I Maestri della scultura », 1966.

Dreier, Katherine S., *Recollections of the Art*, New York, 1933.

- *Modern Art*, New York, The Museum of Modern Art, 1959, p. 13.

Ehrenbourg, Ilya, « L'art russe aujourd'hui », *L'Amour de l'art*, novembre 1921, p. 367-370.

Elgar, Frank, « Œuvres de Pevsner au Musée national d'art moderne », *Carrefour*, 4 mars 1964.

Ennech, Carmen, « Au Musée national d'art moderne, la nouvelle salle Pevsner », *La Dépêche du Midi* (Toulouse), 4 mai 1964.

Fauchereau, Serge, *Forger l'espace*, Paris, Cercle d'art, 1998.

Feldman, Edmund Burke, *Varieties of Visual Experience*, New York, H. N. Abrams, 1972.

Francastel, Pierre, *La Nouvelle Sculpture. Les Sculpteurs célèbres*, Paris, Mazenod, 1954.

Fuchs, Heinz, *Sculpture contemporaine*, Paris, Albin Michel, 1972.

Galy-Carles, Henry, « De Pevsner à Gabo, de Gabo à Pevsner », *Coloquio Artes*, nº 6, 1972, nouvelle série, p. 24-31.

George, Waldemar, « Constructivistes russes. Gabo et Pesvner. Peintures, constructions », préface au catalogue de l'exposition organisée à Paris, galerie Percier, du 18 juin au 5 juillet 1924.

Giedion, Siegfried, *Architecture You & Me (The Diary of a Development)*, Londres, Cambridge (Mass.), Harvard University Press, 1958.

Giedion-Welcker, Carola, « Sept pionniers de la sculpture moderne », *Werk-Chronik*, t. 41, nº 4-5, 1954, p. 209-210.

- *Plastik des XX. Volumen und Raumgestaltung*, Stuttgart, Gerd Hatje, 1955, p. XXXI.

- « Spazio struttura, colore in Antoine Pevsner », *La Biennale di Venezia*, anno VIII, nº 33, octobre-décembre 1958, p. 16-22.

- *Contemporary Sculpture. An Evolution in Volume and Space*, New York, George Wittenborn, 3ᵉ éd., 1960.

- « Origines et tendances du relief », *Aujourd'hui*, nouvelle série, nº 16, mai 1961.

Giedion-Welcker, Carola, Peissi, Pierre, *Antoine Pevsner. L'imagination spatiale d'Antoine Pevsner. Hommage d'un ami*, Neuchâtel, Éditions du Griffon, 1961.

Gindertael, R. V., « Au Musée national d'art moderne. Inauguration d'une salle Pevsner », *Les Beaux-Arts à Paris* (Bruxelles), 13 février 1964.

Goldberg, Itzak, Monnin, Françoise, *La Sculpture moderne au Musée national d'art moderne*, coll. « Tableaux choisis », Paris, Scala, 1995.

Goldsheider, Cécile, *La Sculpture contemporaine 1900-1960. Sculpture étrangère*, Paris, Éditions de l'Illustration, 1961.

Goldwater, R., Trebs, M., *Artists on Art…*, New York, Pantheon Books, 1945.

- *What is modern sculpture?*, New York, The Museum of Modern Art, 1969.

Goodyear, A. Conger, Barr, Alfred H. Jr., *Art in our Time*, New York, The Museum of Modern Art, 1936.

Grand, P. M., « Les œuvres construites de Pevsner » *Le Monde*, 29 décembre 1956.

Guéguen, Pierre, « A. Pevsner et la conquête plastique de l'espace », *Art d'aujourd'hui*, nº 1, série 5, février 1954, p. 6-9.

- « Les matériaux de la sculpture », *XXᵉ Siècle*, nº 5, juin 1955.

- « J'ai depuis longtemps… », *Aujourd'hui art et architecture*, juin 1962, vol. 6.

Guggenheim, Peggy, *Art of this Century*, New York, Arno Press, 1968.

Hagen, Yvonne, « Antoine Pevsner », *New York Herald Tribune*, 26 décembre 1956.

Hammacher, A. M., *The Evolution of Modern Sculpture. Tradition and innovation*, New York, Abrams, 1969. Éd. fr. *L'Évolution de la sculpture moderne*, Paris, Cercle d'art, 1971.

- *La Sculpture*, Paris, Cercle d'art, 1988.

Hamilton, George, Head, « The Exhibition of the Collection of the Société Anonyme, Museum of Modern Art : 1920 », *Yale University Art Gallery Bulletin*, t. X, nº 3, décembre 1941, p. 1-5.

- « Later Constructivist Sculpture », *Painting and Sculpture in Europe 1880-1940*, Pelican History of Art, Londres, Penguin Books, 1967, p. 229-233.

Hammer, Martin, Lodder, Christina, « Les rapport artistiques de Naum Gabo et d'Antoine Pevsner au cours des années vingt », Jean-Claude Marcadé (dir.), *Colloque international Antoine Pevsner*, Paris, Art Édition, 1995, p. 112-121.

- *Constructing Modernity. The Art & Career of Naum Gabo*, New Haven & Londres, The Yale University Press, 2000.

- *Gabo on Gabo*, Texts and interviews, Forest Row, Artists Bookworks, 2001.

Hoctin, Luce, « Les artistes russes dans l'art moderne », *Jardin des arts*, 1961, nº 82.

Hofman, Werner, *Die Plastik des 20. Jahrhunderts*, Francfort-sur-le-Main, Fischer Bücherei, 1958.

Hohl, Reinhold, « Monumentalité et nouvelle technique. La sculpture retrouve l'espace publique », *La Sculpture. L'aventure de la sculpture moderne. XIXᵉ et XXᵉ siècles* (autres auteurs : Antoinette Le Normand-Romain, Anne Pingeot, Barbara Rose, Jean-Luc Daval), Genève, Skira, 1986.

Horbatchov, Dmytro, « La vie à Kiev au temps de Pevsner (1902-1909) », Jean-Claude Marcadé (dir.), *Colloque international Antoine Pevsner*, Paris, Arts Édition, 1995, p. 6-15.

Huygue, René, Rudel, J., *L'Art moderne et le Monde*, Paris, Larousse, t. II, p. 221-222.

Jakovsky, Anatole, *Arp, Calder, Hélion, Miró, Pevsner, Séligmann. Six essais par Anatole Jakovsky*, Paris, J. Povolovsky, 1933.

- « Abstraction-Création », *Art non-figuratif*, Paris, 1932, nº 2, p. 27.

Joly, Pierre, « Les expositions à Paris », *Aujourd'hui art et architecture* (Paris), avril 1964, vol. 8.

Khan-Magomédov, Sélim, « Les frères N. Pevsner et N. Gabo et le premier constructivisme », Jean-Claude Marcadé (dir.), *Colloque international Antoine Pevsner*, Paris, Art Édition, 1995, p. 98-111.

Kollai E., *Konstruktivismus*, Jahrbuch der jungen Kunst, 1924.

Kovalenko, Guéorgui, « Le ballet *La Chatte*. La mise en forme de Pevsner et de Gabo », Jean-Claude Marcadé (dir.), *Colloque international Antoine Pevsner*, Paris, Art Édition, 1995, p. 134-145.

Kuh, Katharine, *The artist's voice, talks with seventeen artists*, New York, Harper and Row, 1962.

Kultermann, Udo, *Art contemporain*, Paris, Hachette, 1979.

- *The New Sculpture, Environments and Assemblage*, New York, Praeger, p. 229-230.

Lardera, Aube, *Antoine Pevsner, sa vie, son œuvre*, thèse de doctorat à l'Université de Paris IV-Sorbonne, 1997.

- « Le rythme dans l'œuvre d'Antoine Pevsner », Jean-Claude Marcadé (dir.), *Colloque international Antoine Pevsner*, Paris, Art Édition, 1995, p. 174-179.

Lebel, Robert, *Anthologie des formes inventées : un demi-siècle de sculpture*, Paris, Éditions de la galerie du Cercle, 1962.

Lebon Elisabeth, Brullé, Pierre, *Antoine Pevsner. Catalogue raisonné des sculptures,* Paris, P. Brullé, 2001.

Lemoine, Serge, *Art constructif*, Paris, Éditions du Centre Pompidou, coll. « Jalons », 1992.

- « Pevsner et Gorin », Jean-Claude Marcadé (dir.), *Colloque international Antoine Pevsner*, Paris, Art Édition, 1995, p. 216-229.

Lewis, David, *Architectural Design*, Londres, 1954.

- « Antoine Pevsner », *Museum Journal* (Amsterdam), Stedelijk Museum, série 4, nº 3, septembre 1958.

Liberman, A., *The Artist in his Studio*, Londres, Thames and Hudson, 1960.

Licht, Fred, *Sculpture 19th and 20th centuries. A History of Western Sculpture*, Londres, Michael Joseph, 1967.

Makarius, Michel, Marcheschi, Jean-Paul, Trichon-Milsani, Eurydice, *Au musée national d'art moderne*, Paris, Hazan, 1983, p. 49-50.

Marcadé, Jean-Claude (dir.), *Pevsner (1884-1962) Colloque international Antoine Pevsner* (Paris,décembre 1992), Paris, Art Édition, 1995.

- « Le Manifeste réaliste et l'œuvre d'Antoine Pevsner », *Colloque international Antoine Pevsner*, Paris, Art Édition, 1995, p. 82-97.

- *Malevitch*, Paris, Casterman, 1990.

Marcadé, Jean-Claude, Massat, Guy, Brullé, Pierre, *Les Amis d'Antoine Pevsner*, bulletin de l'Association « Les amis d'Antoine Pevsner » (AAAP), Paris, 1996.

Marchiori, Giuseppe, *Sculture all'aperto*, Venise, Carlo Ferrari, 1949.

- *Sculpture moderne en France*, Paris, Bibliothèque des arts, 1963.

Martin, J. L., Nicholson, Ben, Gabo, Naum, *Circle. International Survey of Constructive Art*, Londres, Faber and Faber, 1937.

Masciotta, Michelangelo, « Artisti stranieri alla XXIX Biennale di Venezia », *Letteratura*, nᵒ 33-34, 1958, p. 1-32.

Massat, Guy, « Pevsner et le vide comme puissance et jouissance créatrice », Jean-Claude Marcadé (dir.), *Colloque international Antoine Pevsner*, Paris, Art Édition, 1995, p. 186-201.

- « Le vide et son signifiant maître : œuvres sculptées de 1930 à 1962 », conférence donnée à l'Institut d'études slaves-CNRS, Paris, 29 juin 1994, tapuscrit.

Massat, René, « Antoine Pevsner », *Cahiers d'art*, 25ᵉ année, nᵒ II, 1950, p. 349-364.

- « Antoine Pevsner », *Art d'aujourd'hui*, nᵒ 1, février 1954.

- 1956a : *Antoine Pevsner et le construc-tivisme*, préface de Jean Cassou, Paris, Caractères, 1956.

- 1956b : « Antoine Pevsner », *Prisme des arts*, novembre 1956.

- « Peintures anciennes d'A. Pevsner », *XXᵉ Siècle*, Paris, nᵒ 16, mai 1961.

- « Antoine Pevsner et la primordialité d'être », Jean-Claude Marcadé (dir.), *Colloque international Antoine Pevsner*, Paris, Art Édition, 1995, p. 154-173.

Maxon, John, « Fresque by Antoine Pevsner », *Art Institut of Chicago Quarterly*, nᵒ 2, T. LIV, 1960, p. 2.

Ménier, Mady, « Aux pieds de la tour Eiffel », Jean-Claude Marcadé (dir.), *Colloque international Antoine Pevsner*, Paris, Art Édition, 1995, p. 58-81.

Merkert, Jörn, « Pevsner et les Matchinsky-Denninghoff », Jean-Claude Marcadé (dir.), *Colloque international Antoine Pevsner*, Paris, Art Édition, 1995, p. 230-235.

- *The Mizné-Blumenthal Collection*, Tel-Aviv, 1995.

Michel, Jacques, « Les sculptures architecturales de Pevsner », *Le Monde*, 14 février 1964.

Misler, Nicoletta, « Antoine Pevsner et l'artiste symboliste Mikhaïl Vroubel », Jean-Claude Marcadé (dir.), *Colloque international Antoine Pevsner*, Paris, Art Édition, 1995, p. 16-39.

Moholy-Nagy, László, *Von Material zu Architektur*, Mayence, F. Kupferberg, 1968.

- *Vision in Motion*, Chicago, P. Theobald, 1969.

Pach, Walter, *The Masters of Modern Art*, New York, B. W. Huebsch, 1924.

Passuth, Krisztina, « Pevsner et Gabo : facture et transparence », Jean-Claude Marcadé (dir.), *Colloque international Antoine Pevsner*, Paris, Art Édition, 1995, p. 122-133.

Peissi, Pierre, Giedion-Welcker, Carola, *Antoine Pevsner. L'imagination spatiale d'Antoine Pevsner. Hommage d'un ami*, Neuchâtel, Éditions du Griffon, 1961.

Pevsner, Alexei, *A Biographical Sketch of my Brothers Naum Gabo and Antoine Pevsner*, Amsterdam, Augustin & Schoonman, 1964.

Pevsner, 31 dessins, Paris, galerie Pierre Brullé, 1998.

Propert, W. A., *The Russian Ballet 1921-1929*, Londres, The John Lane, 1931, p. 54-55.

Ragon, Michel, « L'œuf au centre de la sculpture et de l'architecture modernes », *La Galerie des arts*, nᵒ 2, décembre 1962.

- « Le constructivisme de Pevsner et Gabo », *Jardin des arts*, septembre 1965

Read, Herbert, introduction au catalogue Gabo et Pevsner, *Art Now*, Londres, Faber & Faber, 1948.

- *A Concise History of Modern Sculpture*, New York, F. A. Praeger, 1964.

- *The Philosophy of Modern Art*, Princeton University Press, 1977.

- *The Art of Sculpture*, Washington, National Gallery, Princeton University Press, 1977.

- *Modern Sculpture, a Concise History*, Londres, Thames and Hudson, 1989.

Read, Herbert, Barr, Alfred H. Jr., *The Peggy Guggenheim Foundation, Venice*, Venise, Peggy Guggenheim Foundation, 1968.

Reich, Nicole Y., « Antoine Pevsner. Vers une sculpture planétaire », *Forces nouvelles* (Paris), 5 mars 1964.

Restany, Pierre, « Le don Pevsner : 12 sculptures, 6 peintures, 4 dessins. Une cinglante leçon à l'État », *Arts*, 25 février 1964.

Rickey, George, *Constructivism, Origins and Evolution*, New York, G. Braziller, 1967.

Rinuy, Paul-Louis, « Pevsner : le travail de la matière et la genèse de l'art abstrait », Jean-Claude Marcadé (dir.), *Pevsner, Colloque international Antoine Pevsner*, Paris, Art Édition, 1995, p. 202-215.

- « Pevsner et l'espace-temps dans la sculpture du xxᵉ siècle », Thierry Dufrêne, Paul-Louis Rinuy (dir.), *De la sculpture au xxᵉ siècle*, Grenoble, Presses universitaires de Grenoble, 2001.

Ritchie, Andrew Carnduff, *Sculpture of the Twentieth Century*, New York, The Museum of Modern Art, 1952.

Rivier, Jean, « Pevsner, Picasso à Paris », *Cahiers du sud* (Marseille), février 1957.

Romero Brest, Jorge, « Le monument au prisonnier politique inconnu », *Art d'aujourd'hui* (Boulogne), 1953, nᵒ 5, p. 6.

Saarinen, Aline B., « Collecting Modern Masters on a Master-Plan », *Art News*, octobre 1957, p. 32-35 et 64-65.

Salles, Georges, « Allocution », Carola Giedion-Welcker, Pierre Peissi, *Antoine Pevsner…*, Neuchatel, Éditions du Griffon, 1961.

Sandler, Irving, « La sculpture américaine », *Aujourd'hui*, nᵒ II, décembre 1958.

Selz, Jean, « Pevsner et l'objet sans fin », *Les Lettres nouvelles*, mars 1957.

- *Découverte de la sculpture moderne. Origine et évolution*, Lausanne, Les Fauconnières, 1963.

Seuphor, Michel, *Art d'aujourd'hui*, nᵒ 1, février 1954.

- « Au temps de l'avant-garde », *L'Œil*, nᵒ 11, 1955, p. 24-40.

- « Regardons mieux la sculpture », *Aujourd'hui*, nᵒ 19, septembre 1958.

- *La Sculpture de ce siècle. Dictionnaire de la sculpture moderne*, Neuchâtel, Éditions du Griffon, 1959.

- *Le Style et le Cri, Quatorze essais sur l'art de ce siècle*, Paris, Éd. du Seuil, 1965.

- *L'Art abstrait, ses origines, ses premiers maîtres*, Paris, galerie Maeght, 1950, rééd. 1972.

Sottsass, Ettore, « Antoine Pevsner », *Domus*, nᵒ 281, 1953, p. 27 à 25.

Strachan, W. J., *Towards sculpture, maquettes and sketches from Rodin to Oldenburg*, Londres, Thames and Hudson, 1976, p. 206.

Subotic, Irina, « La transposition de l'espace des dessins aux sculptures chez Antoine Pevsner », Jean-Claude Marcadé (dir.), *Pevsner, Colloque international Antoine Pevsner*, Paris, Art Édition, 1995, p. 180-185.

Taraboukine, N. M., *Vroubel*, Moscou, Iskousstvo, 1974.

Trier, Eduard, *Moderne Plastik, von Auguste Rodin bis Marino Marini*, Francfort-sur-le-Main, B. Gutenberg, 1955.

- *Form and Space : Sculpture of the Twentieth Century*, New York, F. A. Praeger, 1968.

Zervos, Christian, « Géométrie et sculpture », *Masters of Modern Art*, New York, The Museum of Modern Art, 1948.

- « Note sur Antoine Pevsner à propos de son exposition au Musée d'art moderne », *Cahiers d'art*, 31e-32e année, 1956-1957, p. 334 à 337.

- « 50 years of Russian Art », *Art Magazine*, vol. 42, novembre 1967, p. 45.

Catalogues

Paris, 1924
Constructivistes russes. Gabo et Pevsner. Peintures, constructions, Paris, galerie Percier, 19 juin-5 juillet 1924.

Bâle, 1937
Konstruktivisten : Van Doesburg, Domela, Eggeling, Gabo, Lissitzky, Moholy-Nagy, Mondrian, Pevsner, Taueber, Vantongerloo..., Bâle, Kunsthalle, 1937.

Paris, 1939
Rambosson, Yvanhoé (dir.), Frédo-Sidès, A., (dir.), *Réalités nouvelles*, Paris, galerie Charpentier, 1939.

Paris, 1947
Antoine Pevsner, Paris, Drouin, 1947. Textes de Marcel Duchamp, Katherine S. Dreier, Carola Giedion-Welcker, Le Corbusier, René Drouin.

New York, 1948
Naum Gabo, Antoine Pevsner, New York, Museum of Modern Art, 1948.

Zurich, 1949
Antoine Pevsner, Georges Vantongerloo, Max Bill, Zurich, Kunsthaus, 1949.

Paris, 1956-1957
Dorival, Bernard (dir.), *Antoine Pevsner*, Musée national d'art moderne, 21 décembre 1956-10 mars 1957, Paris, Éditions des musées nationaux, 1956, préface de Jean Cassou.

Paris, 1964
Pradel, Marie-Noëlle (dir.), *Pevsner au Musée national d'art moderne. Les écrits de Pevsner*, Paris, RMN, 1964.

Zurich, 1964
Begründer des modernen Plastik. Arp, Brancusi, Chauvin, Duchamp-Villon, Gonzalez, Laurens, Lipchitz, Pevsner, cat. Haris Bolliger.

Paris, 1977
100 œuvres nouvelles 1974-1976, Musée national d'art moderne, Paris, Éd. du Centre Pompidou, 1977.

New York, 1979
Rowell, Margit, (dir), *The Planar Dimension. Europe 1912-1932*, New York, The Solomon R. Guggenheim Foundation, 1979.

New York, 1984
Rubin, William S. (dir.), *Primitivism in 20th Century Art. Affinity of the Tribal and the Modern*, New York, The Museum of Modern Art, 1984 (éd. française *Les Artistes modernes devant l'art tribal*, Paris, Flammarion, 1987).

Paris, 1986a
Qu'est-ce que la sculpture moderne ? : Paris, Centre Georges Pompidou, Galeries contemporaines, 1986.

Paris, 1986b
La Collection du Musée national d'art moderne, Paris, Éd. du Centre Pompidou, 1986.

Venise, 1990
La France à Venise. Le Pavillon français de 1948 à 1988, Milan, Carte Segrete, 1990.

Francfort, New York, 1992
Die grosse Utopie, die rüssische Avantgarde 1915-1932, Frankfurt, Schirn Kunsthalle, 1992 ; The *Great Utopia. The Russian and Soviet Avantgarde 1915-1932*, New York, Solomon R. Guggenheim Museum, 1992.

Paris, 1994
Face à face, coll. « Carnets de dessins », Paris, Éditions du Centre Pompidou, 1994

Paris, 1995
Jean Cassou 1897-1986. Un musée imaginé, Paris, Bibliothèque nationale de France, 1995.

Tel-Aviv, 1995
The Mizne-Blumental Collection, Tel-Aviv, Museum of Art, 1995

Taipei, 1996
Face à face. Dessins de la collection du Musée national d'art moderne, Taipei, 1996

New York, 1998-1999
Rendezvous. Masterpieces from the Centre Georges Pompidou and The Guggenheim Museums, New York, Solomon R. Guggenheim Museum, 16 octobre 1998-24 janvier 1999.

Paris, 1998
Forger l'espace. La scupture forgée au vingtième siècle, Paris, Cercle d'art, 1998.

Luxembourg, 1998-1999
L'École de Paris ? 1945-1964, Luxembourg, Fondation musée d'art moderne grand-duc Jean, 1998-1999, p. 298.

Catalogues de vente

Catalogue de vente Laurin-Guilloux-Buffetaud, Tableaux modernes. Art contemporain, Paris, Galliera, 19 juin 1974.

LISTE DES EXPOSITIONS

1922
« Erste russische Kunstausstellung »
Galerie Van Diemen, Berlin

1923
« L'art russe »
Stedelijk Museum, Amsterdam

1924
19 juin-5 juillet
« Gabo et Pevsner »
Galerie Percier, Paris

2-31 décembre
« Le relief »
Galerie Percier, Paris

1925
21 mars-3 mai
Salon des indépendants
Palais de bois, Paris

1926
« Gabo. Pevsner. Van Doesburg »
Little Review Gallery, New York

20 mars-2 mai
Salon des indépendants
Palais de bois, Paris

19 novembre-1er janvier 1927
« International exhibition of modern art
assembled by Société Anonyme »
Brooklyn Museum, New York

1927
25 janvier-5 février
« International exhibition of modern art
assembled by Société Anonyme »
The Anderson Galleries, New York //
25 février-20 mars
Albright Gallery, Buffalo //
1er-24 avril
[peintures]
Toronto Art Gallery

16-28 mai
« Machine Age Exposition »
Little Review Gallery, New York

1929
octobre-novembre
« Abstrakte und Surrealistische Malerei
und Plastik »
Kunsthaus, Zurich

1930
17 avril-1er mai
« Cercle et carré »
Galerie 23, Paris

décembre
« Art during the War.
The German and Russian Revolution »
Brooklyn Museum, New York

1931
mars
« The Place of the Abstract in Art »
Brooklyn Museum, New York

25 juillet-30 septembre
« Internationale Ausstellung Skulptur und
Plastik »
Kunsthaus, Zurich

1934
20 novembre-20 janvier 1935
« Modern Works of Art : Fifth Anniversary
Exhibition »
The Museum of Modern Art, New York

1935
22 octobre-17 novembre
« The Abstract Art of Gabo, Pevsner,
Mondrian and Domela »
Wadworth Atheneum, Hartford

1936
3-25 janvier
« Abstract Art »
Chicago Arts Club, Chicago

1937
16 janvier-14 février
« Konstruktivisten »
Kunsthalle, Bâle

2 mars-19 avril
« Cubism and Abstract Art »
The Museum of Modern Art, New York

juillet-septembre
« New Forms in Art »
exposition itinérante organisée par
le College Art Association, aux États-Unis

30 juillet-30 octobre
« Origines et développement de l'art
international indépendant »
Musée du Jeu de paume, Paris

1938
2-24 avril
« Tentoonstelling Abstrakte Kunst »
Stedelijk Museum, Amsterdam

1939
10 mai-30 septembre
« Art in our Time :
Tenth Anniversary Exibition »
The Museum of Modern Art, New York

30 juin-15 juillet
« Réalités nouvelles. Renaissance
plastique »
(2e série, œuvres des artistes étrangers)
Galerie Charpentier, Paris

1940
Collection Gallatin
Museum of Living Art, New York

1941
octobre-janvier 1943
« Twentieth Century Sculpture and
Constructions »
The Museum of Modern Art, New York
Exposition itinérante

1942
« Art of this Century : 1910 to 1942 »
Art of this Century Gallery, New York
Collection permanente

14 janvier-22 février
« Inaugural Exposition : Modern Art from
the Collection of the Société Anonyme.
Museum of Modern Art, 1920 »
Yale University Art Gallery, New Haven

1945
1er mars-1er avril
« Duchamp. Duchamp-Villon. Villon »
Yale University, New Haven

18 mars-16 avril
« Konkrete Kunst »
Kunsthalle Bâle

15 juin-17 juillet
« Art concret »
Galerie René Drouin, Paris

1946
« Origins of Modern Sculpture »
City Art Museum, Saint Louis

« Art concret »
Galerie René Drouin, Paris

14 février-23 mars
« Sculpture contemporaine.
École de Paris »
Kunsthalle, Berne

4 avril-6 mai
« Plastic Experience in the 20th Century.
Contemporary Sculpture : Objects,
Constructions »
Yale University Art Gallery, New Haven

19 juillet-18 août
Salon des Réalités nouvelles
Palais des beaux-arts de la Ville de Paris

Paris, 1947a
19 juin-12 juillet
« Antoine Pevsner »
Galerie René Drouin, Paris

Paris, 1947b
21 juillet-18 août
Salon des Réalités nouvelles
Palais des beaux-arts de la Ville de Paris

1948
24 février-25 avril
« Gabo-Pevsner »
The Museum of Modern Art, New York

23 juillet-30 août
Salon des Réalités nouvelles
Palais des beaux-arts de la Ville de Paris

4 juin-8 septembre
« XXIVe Biennale de Venise. La collection
Peggy Guggenheim »

1949
7 janvier-15 février
Addison Gallery of American Art
Andover, Mass.

février-novembre
Collection Peggy Guggenheim
Exposition itinérante en Italie : Venise,
Milan, Florence

Paris, 1949a
27 mai-30 juin
« Épanouissement de l'art abstrait »
Galerie Maeght, Paris

Paris, 1949b
22 juillet-30 août
Salon des Réalités nouvelles
Palais des beaux-arts de la Ville de Paris

15 octobre-13 novembre
« Antoine Pevsner, Georges Vantongerloo,
Max Bill »
Kunsthaus, Zurich

1950
18 février-10 mars
« Form und Gestaltung. Internationale
Ausstellung »
Akademie der bildenden Künste, Vienne

6 juin-3 septembre
« Europäische Kunst »
Kunsthaus Zurich

10 juin-15 juillet
Salon des Réalités nouvelles
Palais des beaux-arts de la Ville de Paris

1951
2 janvier-3 février
« Climax in the XXth Century Art »
Sidney Janis Gallery, New York

8 juin-16 juillet
Salon des Réalités nouvelles
Palais des beaux-arts de la Ville de Paris

1952
19 janvier-26 février
« Surréalisme et abstraction »
Stedelijk Museum, Amsterdam

mai-juin
« Chefs-d'œuvre du xxe siècle »
Musée national d'art moderne, Paris //

15 juillet-17 août
« XXth Century Masterpieces »
Tate Gallery, Londres

18 juillet-17 août
Salon des Réalités nouvelles
Musée des beaux-arts de la Ville de Paris

11 octobre -fin décembre
« 20th Century Sculpture »
The Philadelphia Museum of Art //
24 janvier-8 mars 1953
The Art Institute, Chicago //
29 avril-8 septembre 1953
The Museum of Modern Art, New York

15 décembre-1er février 1953
« In Memory of Katherine S. Dreier »
Yale University Art Gallery, New Haven

1953
mars-mai
Participation au concours
international de sculpture
« The Unknown Political Prisoner »
Londres

24 avril-28 juin
« The Classic Tradition
in Contemporary Art »
Walker Art Center, Minneapolis

10 juillet-9 août
Salon des Réalités nouvelles
Musée des beaux-arts de la Ville de Paris

1954
30 mars-5 mai
« Selection III »
Solomon R. Guggenheim Museum,
New York

avril-mai
« Collection Dotremont »
Stedelijk Museum, Amsterdam

8 juillet-8 août
Salon des Réalités nouvelles
Musée des beaux-arts de la Ville de Paris

18 juillet-28 septembre
« Sept pionniers de la sculpture
moderne »
Hôtel de ville, Yverdon

6 octobre-27 février 1955
« Selection IV »
Solomon R. Guggenheim Museum,
New York

27 novembre-fin décembre
« Begründer der modernen Plastik »
Kunsthaus, Zurich

novembre
« A loan Exhibition of Paintings from the
Solomon R. Guggenheim Museum »
The Art Gallery of Toronto //
Vancouver Art Gallery

« Galatin Collection »
Philadelphia Museum of Art

« Xe Triennale »
Milan

1955
26 juin-5 février 1956
« Moderne kunst - nieuw en oud »
(« Moderne Kunst – alt und neu »)
Stedelijk Museum, Amsterdam //
Schloss Morsbroich, Leverkussen //
Fränkische Galerie, Nuremberg

8 juillet-7 août
Salon des Réalités nouvelles
(Hommage à l'occasion
du Xe anniversaire)
Musée des beaux-arts de la Ville de Paris

15 juillet-18 septembre
« Documenta – L'art international du xxe
siècle »
Museum Fridericianum, Cassel

« Selection from the Solomon
R. Guggenheim Museum, New York »
Musée des beaux-arts, Montréal

« Collection O. Müller-Widman »
Kunsthalle, Bâle

1956
26 avril-10 juin
« Abstract Art 1910 to Today »
The Newark Museum

29 juin-5 août
Salon des Réalités nouvelles. « Nouvelles
Réalités »
Musée des beaux-arts de la Ville de Paris

6 octobre-5 novembre
« Hoogtepunten uit de buitenlandse
beeldouwkunst » (eigen collectie)
Museum Fodor, Amsterdam //
Schloss Morsbroich, Leverkussen

27 novembre-13 janvier 1957
« 4000 Years of Modern Art »
Baltimore Museum of Art

21 décembre-10 mars 1957
« Antoine Pevsner »
Musée national d'art moderne, Paris

1957
25 mai-15 septembre
« 4e Biennale de sculpture en plein air »
Middelheim Park, Anvers

8 juin-1er juillet
« Esthétique d'aujourd'hui »
Casino, Knokke

4 juillet-septembre
« Les collections privées à Bâle »
Kunsthalle, Bâle

27 septembre-12 mai 1958
« Collecting Modern Art. Paintings,
Sculptures and Drawings from
the Collection of Mr and Mrs Harry Lewis
Winston »
Detroit Institute of Art //
Virginia Museum of Art, Richmond //
San Francisco Museum of Art //
Milwaukee Art Institute//
The Museum of Modern Art, New York

1958
17 avril-21 juillet
« 50 ans d'art moderne »
(Exposition universelle de Bruxelles)
Palais international des beaux-arts

29e Biennale de Venise

4 juillet-29 septembre
« De renaissance der xxe eeuw.
Paul Cézanne, cubisme, Blaue Reiter,
suprématisme, De Stijl, het Bauhaus »
Stedelijk Museum, Amsterdam

1959
mai-juin
« Französische Plastik
des 20. Jahrhundert »
Museum am Ostwall, Dortmund

5 mai-23 août
« Sculpture in our Time »
Institute of Arts, Detroit

3 juin-9 août
« Beitrag den Russenz Moderne Kunst »
Karmelitenkloster, Francfort-sur-le-Main

4 juillet-28 septembre
« 50 Jaar verkeningen
in de beeldende Kunst »
Stedelijk Museum, Amsterdam

11 juillet-11 octobre
« Documenta II »
Museum Fridericianum, Cassel

septembre-février 1960
« De Maillol à nos jours : 12 sculptures du
Musée national d'art moderne de Paris »
Palais des beaux-art, Bruxelles //
Tournai //
Luxembourg

21 octobre-19 juin 1960
« Inaugural selection »
The Solomon R. Guggenheim Museum,
New York

1960
5 mars-9 avril
« Bilder und Plastiken » (coll. Dotremont)
Kunsthalle, Düsseldorf

19 avril-19 mai
« Sculptures and drawings
by Sculptors from the Solomon
R. Guggenheim Museum »
The Arts Club of Chicago

8 juin-14 août
« Konkrete Kunst »
Helmshaus, Zurich

5 octobre-13 novembre
« Paths of Abstract Art »
The Cleveland Museum of Art

2-31 décembre
« Le relief »
Galerie du xxe siècle, Paris

1961
juillet-août
« Impressionismus bis Gegenwart »
Kunstmuseum, Bâle

28 octobre-3 décembre
« Stedelijk Museum besoger : Louisiana
Museum for moderne kunst »
Louisiana Museum for moderne kunst,
Humlebaek //
26 décembre-28 janvier 1962
« Stedelijk Museum Amsterdam besöker
Moderna Museet Stockholm »
Moderna Museet, Stockholm

3 novembre-15 janvier 1962
« Exposition d'art français : 1740-1940 »
National Museum of Western Art, Tokyo //
25 janvier-15 mars 1962
National Museum of Modern Art, Kyoto

1962
janvier
« Art abstrait constructif international »
Galerie Denise René, Paris

7 juin-2 juillet
« Le relief » – 2e exposition
Galerie du xxe siècle, Paris

21 septembre-4 novembre
« Kunst von 1990 bis Heute »
Museum moderner Kunst,
Stiftung Ludwig, Vienne

1er-23 octobre
« Twentieth Century Sculpture »
Philbrook Art Center, Tulsa

1963
2-24 février
Salon des Réalités nouvelles
(Hommage à Pevsner)
Musée d'art moderne de la Ville de Paris

1964
4-29 février
« The Classic Spirit in the
20th Century Art »
Sidney Janis Gallery, New York

7 février
Inauguration de l'accrochage
« Pevsner au Musée national
d'art moderne »
Salle Pevsner

avril-mai
« Treasures of the 20th Century Art from
the Maremont Collection »
Washington Gallery of Modern Art

22 avril-28 juin
« 54/64 : Painting and Sculpture
of a Decade »
Tate Gallery, Londres

1er juin-18 octobre
Biennale de Venise

décembre-janvier 1965
« Meisterwerke
des 19. und 20. Jahrhunderts »
Galerie Wilhelm Grosshennig, Düsseldorf

8 décembre-9 janvier 1965
« The Sculptor and the Architect »
Staempfli Gallery, New York

1965
12 mai-13 juin
« Sculpture : 20th Century »
Dallas Museum of Fine Arts //
2-24 octobre
University of California, Irvine

8 septembre-8 novembre
« Panathénées de la sculpture mondiale »
Office national du tourisme, Athènes

23 octobre-12 décembre
« Kunst in der Jahren 1924-1939 »
Wallraf-Richartz Museum, Cologne

14 juin-31 juillet 1966
« Fifty Years of Modern Art, 1916-1966 »
Cleveland Museum of Art

1966
7-30 octobre
Salon des Réalités nouvelles
Musée d'art moderne de la Ville de Paris

1967
26 novembre-8 janvier 1968
« Peggy Guggenheim's Collection »
Moderna Museet, Stockholm

1968
3 mars-14 avril
« Plus by Minus : Today's Half-Century »
Albrith-Knox Art gallery, Buffalo

8 mai-15 septembre
« Europe 1918 »
Ancienne Douane, Strasbourg

8 juillet-14 septembre
« Selected Sculptures and Works
on Paper »
Solomon R. Guggenheim Museum

1969
14 novembre-15 janvier 1970
« Depuis Rodin »
Musée municipal
de Saint-Germain-en-Laye

1970
19 février-5 avril
« Selected Sculpture
from the Museum Collection »
Guggenheim Museum, New York

14 avril-15 mai
« L'art en Europe autour de 1925 »
Ancienne Douane, Strasbourg

1972
21 juillet-27 août
« Continental Painting and Sculpture
in the Albrigth-Knox Art Gallery »
Albright-Knox Art Gallery, Buffalo

15 octobre-17 décembre
« Not so long ago : art of the 1920's
in Europe and in America »
University of Texas, Austin

14 novembre-11 février 1973
« Masterpieces of the Solomon
R. Guggenheim Museum »
Cleveland Museum of Art

« 57 obras de la coleccion
Carlos Raul Villanueva »
Museo de bellas artes, Caracas

1973
5 juillet-22 septembre
« The Non-Objective World »
Annely Juda Gallery, Londres //
14 octobre-15 décembre
University of Texas, Austin

1974
7 février-10 mars
« Less is more »
Lowe Art Museum, Miami

1er octobre-15 septembre 1975
« Inaugural Exhibition »
Hirshhorn Museum and Sculpture
Garden, Washington

19 novembre-4 février 1975
« Masters of Modern Sculpture :
The Lydia and Harry Lewis Winston
Collection (Dr And Mrs Barnet Malbin)
and the Guggenheim Collection »
Guggenheim Museum, New York

22 novembre-20 janvier 1975
Dessins du Musée national d'art
moderne, Musée national d'art moderne,
Paris

1975
16 octobre-25 janvier 1976
« The Jewish Experience in the Art
of the Twentieth Century »
Jewish Museum, New York

1976a
15 mars-19 avril
« Portrait et masques »
Musée national d'art moderne, Paris

1976b
28 avril-20 mai
« Assemblage »
Musée national d'art moderne, Paris

1977
1er juin-19 septembre
« Paris-New York »
Musée national d'art moderne, Paris

18 juin-18 septembre
« Espace-lumière dans des sculptures du
cubisme à aujourd'hui »
Château de Ratilly, Treigny

16 décembre-1er février 1978
« Forty Modern Masters : an Anniversary
Show »
Guggenheim Museum, New York

1978
2 avril-4 juin
« Abstraction-création 1931-1936 »
Westfälisches Landesmuseum, Münster //
16 juin-17 septembre
Musée d'art moderne de la Ville de Paris

1979
9 mars-10 mai
« The Planar Dimension Europe
1912-1932 »
Guggenheim Museum, New York

mai-juin
« Modern European Sculpture 1918-1945.
Unknown Beings and other Realities »
Albright-Knox Art Gallery, Buffalo //
juillet-septembre
Walker Art Center, Minneapolis //
octobre-novembre
San Francisco Museum of Modern Art

31 mai-5 novembre
« Paris-Moscou, 1900-1930 »
Musée national d'art moderne, Paris

1980
23 mai-2 novembre
« 1900-1980 from the Solomon
R. Guggenheim Museum Collection »
Guggenheim Museum, New York

1981
4 juillet-4 octobre
« Sculpture du xxe siècle 1900-1945.
Tradition et rupture »
Fondation Maeght, Saint-Paul-de-Vence

« Abstract expressions 1930-1950. Works
from the Collection »
Guggenheim Museum, New York

1983
27 décembre-30 janvier 1984
« Beelden een Kenze mit de Collectie »
Stedelijk Museum, Amsterdam

1984a
14 février-14 avril
« Kandinsky in Paris 1934-1944 »
Guggenheim Museum, New York //
8 juin-11 août
The Museum of Fine Arts, Houston //
20 septembre-17 novembre
Civico Museo d'arte contemporanea,
Milano //
5 décembre-26 janvier 1985
Museum des 20. Jahrhunderts, Vienne

25 avril-26 août
« Art for a New Era : Collection of the
Société Anonyme, 1920-1950 »
Yale University Art Gallery, New Haven

18 mai-31 octobre
« Twentieth Century Sculpture : Selection
from the Metropolitan Museum of Art »
Storm King Art Center, Mountainville, NY

1984b
avril-
« Primitivism in 20th century art, affinity
of the tribal and the modern »
The Museum of Modern Art, New York //
Institute of Art, Detroit //
Museum of Art, Dallas

1986
12 février-5 janvier 1987
« By the Muse inspired »
Guggenheim Museum, New York

4 juin-31 août
« Lichtjahre. 100 Jahre Strom in
Österreich »
Wiener Kunstlerhaus, Vienne

3 juillet-3 octobre
« Qu'est-ce que la sculpture moderne ? »
Musée national d'art moderne, Paris

1987

16 avril-28 juin
« From Degas to Picasso. Modern.
Masters from the Smoke Collection »
Los Angeles County Museum of Art

13 novembre-13 mars 1988
« Fifty Years of Collecting : an Anniversary
Selection. Sculpture of the Modern Era »
Guggenheim Museum, New York

1989

27 mars-9 mai
« L'art en France, un siècle d'inventions
(du fauvisme aux années quatre-vingt) »
Musée Pouchkine, Moscou //
1er juin-1er septembre
Musée de l'Ermitage, Saint-Pétersbourg

22 mai-2 juillet
« Sculptures du xxe siècle »
Collection du Wilhelm-Lehmbruck
Museum, Duisburg //
Musée des beaux-arts et de la dentelle,
Calais

15 décembre-18 février 1990
« Piet Mondrian and the Non-Objective »
Guggenheim Museum, New York

1990a

23 mai-30 septembre
« XLIV esposizione internazionale d'arte »
Biennale de Venise
Peggy Guggenheim Fondation, Venise

1990b

9 septembre-9 décembre
« From Van Gogh to Picasso,
from Kandinsky to Pollock. Masterpieces
of Modern Art »
Palazzo Grassi, Venise

1992

1er mars-10 mai
« Die grosse Utopie : die russische
Avantgarde, 1915-1932 »,
Schirn Kunsthalle, Francfort-sur-le-Main //
19 septembre-15 décembre
« The Great Utopia : The Russian
and Soviet Avantgarde, 1915-1932 »
Solomon R. Guggenheim Museum,
New York

14 juin-27 septembre
« Transform. Bildobjekt Skulptur
im 20. Jahrhundert »
Kunstmuseum, Bâle

19 juin-19 août
« Het Beeld van de Eeuw »
(A Century in Sculpture)
Nieuwe Kerk, Amsterdam

1993

1er juin-30 septembre
« Regard sur l'avant-garde russe,
1910-1925, son influence
dans une collection d'aujourd'hui »,
Centre d'art contemporain, Tanlay

14 septembre-8 novembre
« Equipo 57 »
Museo nacional, Centro de arte
Reina Sofia, Madrid

26 septembre-14 novembre
« Equilibre »
Aargauer Kunsthaus, Aarau

1994

29 mars-19 juin
« Naum Gabo. The Creative Process »
Tate Gallery, Londres

12 mai-30 juillet
« Europa de posguera 1945-1965 — arte
desguès del diluvio »
Fondation La Caixa, Barcelone //
10 septembre-10 décembre
« Europa nach der Flut — Kunst
1945-1965 »
Künstlerhaus, Vienne

27 mai-11 septembre
« Dessins de sculpteurs 1850-1950 »
Musée Magnin, Dijon

27 mai-16 octobre
« Europa, Europa »
Kunst und Ausstellungshalle
der Bundesrepublik Deutschland, Bonn

22 juin-9 octobre
« Face à face »
Musée national d'art moderne, Paris

24 septembre-21 janvier 1995
« The Ballets russes in Manchester »
Whithworth Art Gallery, Manchester

16 novembre-16 janvier 1995
« L'esprit rationaliste des années 20 et 30.
Architecture et design dans la collection
du Mnam-Cci »
Centre Georges Pompidou,
Musée national d'art moderne, Paris

1995

15 mars-18 juin
« Jean Cassou 1897-1986. Un musée
imaginé »
Bibliothèque nationale de France, Paris

1996

1er mars-31 mai
« Hommage à Jean Cassou »
Réfectoire des Jacobins, Toulouse

19 décembre-7 avril 1997
« Face à l'histoire »
Centre Georges Pompidou,
Musée national d'art moderne, Paris

1997

20 février-25 mai
« Années trente en Europe »
Musée d'art moderne de la Ville de Paris

9 novembre-12 janvier 1997
« Face à face. Dessins de la collection
du Musée national d'art moderne »
Fine Arts Museum, Taipei

1998

2 juin-11 juillet
« Pevsner. 31 dessins dont un ensemble
pour les Ballets russes »
Galerie Pierre Brullé, Paris

18 juin-19 septembre 1999
« La Collection du Centre Georges
Pompidou : un choix au Musée d'art
moderne de la Ville de Paris »
Musée d'art moderne de la Ville de Paris

26 juin-28 septembre
« Au fil du trait. De Matisse à Basquiat.
Collections du Centre Georges
Pompidou »
Musée national d'art moderne-
Cabinet d'art graphique //
Carré d'art Musée d'art contemporain,
Nîmes

16 octobre-24 janvier 1999
« Rendezvous. Masterpieces
from the Centre Georges Pompidou and
The Guggenheim Museums »
Solomon R. Guggenheim Museum,
New York

24 novembre-7 février 1999
« Forger l'espace. La sculpture forgée au
vingtième siècle »
Centre atlantico de arte moderno,
Las Palmas de Gran Canaria //
9 mars-30 mai 1999
IVAM, Centre Julio González, Valence //
23 juin-30 septembre 1999
Musée des beaux-arts et de la dentelle,
Calais

11 décembre-21 février 1999
« L'École de Paris ? 1945-1964 »
Musée national du Luxembourg

2000

1er janvier-6 mars
« Le Regard égoïste de Christian
Boltanski »,
Centre Georges Pompidou,
Musée national d'art moderne, Paris

INDEX

Œuvres

Achevé d'imprimer en octobre 2001,
sur les presses de l'imprimerie Fayolle,
69120 Vaulx-en-Velin